Das antike Rom

① Juppiter-Tempel
② Arx mit Juno-Tempel
③ Vesta-Tempel
④ Apoll-Tempel
⑤ Thermen des Agrippa
⑥ Dis und Proserpina-Tempel
⑦ Circus Maximus

① QUIRINAL
② VIMINAL
③ ESQUILIN
④ CAELIUS
⑤ AVENTIN
⑥ PALATIN
⑦ KAPITOL

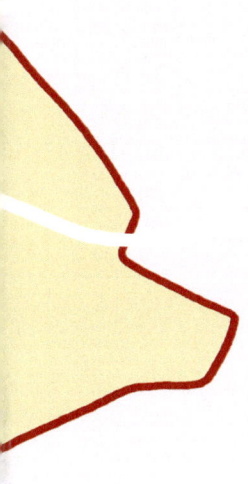

VIVA 1

Lehrgang für Latein ab Klasse 5 oder 6

von
Verena Bartoszek
Verena Datené
Sabine Lösch
Inge Mosebach-Kaufmann
Gregor Nagengast
Christian Schöffel
Barbara Scholz
Wolfram Schröttel

Beratung: Theo Wirth (Wortschatz und Grammatik)

Illustrationen: Miriam Koch

Vandenhoeck & Ruprecht

Bibliografische Information der Deutschen Nationalbibliothek:
Die Deutsche Nationalbibliothek verzeichnet diese Publikation in der
Deutschen Nationalbibliografie; detaillierte bibliografische Daten sind
im Internet über http://dnb.de abrufbar.

© 2019, 2015, 2012, Vandenhoeck & Ruprecht GmbH & Co. KG, Theaterstraße 13, D-37073 Göttingen
Alle Rechte vorbehalten. Das Werk und seine Teile sind urheberrechtlich
geschützt. Jede Verwertung in anderen als den gesetzlich zugelassenen Fällen
bedarf der vorherigen schriftlichen Einwilligung des Verlages.

Redaktion: Susanne Gerth
Layout, Gestaltung, Satz und Litho: SchwabScantechnik, Göttingen
Druck und Bindung: ⊕ Hubert & Co. BuchPartner, Göttingen
Printed in the EU

Vandenhoeck & Ruprecht Verlage | www.vandenhoeck-ruprecht-verlage.com

ISBN 978-3-525-71065-4

Vorwort

Liebe Schülerin, lieber Schüler,

willkommen in der Welt der Römer!

Dieses Buch führt dich in eine ferne Vergangenheit, ins Jahr 17 v. Chr. Du lernst eine römische Familie kennen – die Selicii – und erlebst mit, was sie das Jahr über bewegt.

Doch wer sind die Selicii? Auf den Seiten 10–11 stellen sie sich dir vor! Zugleich lernst du erste Sätze auf Latein – und kannst dich auf Latein vorstellen.

Damit du dich in diesem Buch gut zurechtfindest, gibt es auf den folgenden Seiten ein Inhaltsverzeichnis.

Hier noch einige Tipps zum Arbeiten mit dem Buch:
- Zu Beginn einer jeden Lektion erzählt dir ein kurzer lateinischer Text von einem Ereignis im Leben der Selicii. Dabei lernst du immer einige neue Wörter und neue Grammatik.
Wenn du mehr lesen willst, kannst du dich ab Lektion 4 zusätzlich in eine kleine Geschichte im Zusatztext vertiefen – das ist aber keine Pflicht.
- Damit du auch wirklich fit wirst und Freude an Latein hast, findest du viele Übungen. Natürlich musst du nicht alle machen – dein Lehrer hilft dir sicher auch bei der Auswahl und berät dich gemäß den Schwerpunkten des schulinternen Curriculums. Die Übungen kommen immer in der gleichen Reihenfolge:
1. Einführungsübungen: Die Übungen in der ersten Zeile sind dafür da, die neue Grammatik kennenzulernen. Sie enthalten noch keine neuen Wörter.
2. Wortschatzübungen: Wenn man eine neue Sprache lernt, ist es immer das Wichtigste, die Wörter zu können und zu wissen, was sie bedeuten. Deshalb gibt es dazu besonders viele Übungen. Weil jeder anders lernt, sind die Übungen unterschiedlich: Malen, pantomimisch spielen oder die Bedeutung einem Mitschüler erklären – du wirst sicher bald merken, welche Übung dir am besten hilft, dir die Wörter zu merken.
3. Formen- und Syntaxübungen: Mit diesen Übungen trainierst du, Wörter im Satz richtig zu erkennen und zu übersetzen.
Wiederholungsübungen sind blau gekennzeichnet; Übungen, die ein bisschen kniffliger sind, sind grün.

Nach drei (bzw. zwei) Lektionen findest du weitere Informationen zur römischen Welt, methodische Hinweise, die dir das Arbeiten im Lateinunterricht erleichtern und zusätzliche Übungen (z.B. für die Vorbereitung auf eine Klassenarbeit).

Wir wünschen dir viel Freude mit VIVA!

Inhalt

Die Familie stellt sich vor ... 10

Die Selicii

Lektion 1 **Immer Ärger mit dem lieben Vieh** ... 12
Sprache: Nom. Sg. und Pl. (a- und o-Dekl.); 3. Pers. Sg. und Pl.
(a-, e-, i-Konj.; *esse*); Inf.
Text: Handlungsträger und Personenkonstellation
Kultur: Namensgebung

Lektion 2 **Und er bewegt sich doch!** ... 16
Sprache: Akk. Sg. und Pl. (a- und o-Dekl.); 3. Pers. Sg. und Pl.
(kons. und kurzvok. i-Konj.)
Text: Personencharakterisierung; Standbilder
Kultur: Familie

Lektion 3 **Augen auf beim Sklavenkauf** ... 20
Sprache: Adjektive der a- /o-Dekl.; Vokativ; Imperativ
Text: lat. Texte lesen und szenisch umsetzen
Kultur: Sklaven

> Kultur: Römische Kinderspiele ... 24
> Methoden: Vokabellernen ... 26
> Sprache: Wiederholungsübungen ... 28

Die Säkularfeier

Lektion 4 **Nächtliches Opfer** ... 30
Sprache: Nom. / Akk. Sg. und Pl. (3. Dekl.)
Text: Umformen in andere Textsorten (Tagebucheintrag)
Kultur: Opfer

Lektion 5 **Mit Schwert und Netz** ... 34
Sprache: Abl. Sg. und Pl. (a-, o-, 3. Dekl.); Hauptfunktionen des Ablativs
Text: Semantisieren (*petere* kontextbezogen übersetzen); Hintergrundinformationen nutzen
Kultur: Gladiatoren

Lektion 6 **Ein krönender Abschluss** ... 38
Sprache: 1. / 2. Pers. Sg. und Pl. (a-, e-, i-, kons. und kurzvok. i-Konj.; *esse*); Personalpron.
Text: Sprech- und Erzählsituationen (sprechende, angesprochene, besprochene Personen)
Kultur: Horaz

> Kultur: Religion, Götter, Opfer am Beispiel der Säkularfeier ... 42
> Methoden: Grafische Satzanalyse, Konstruieren, Pendeln; Übersetzung polysemer Wörter ... 44
> Sprache: Wiederholungsübungen ... 46

Inhalt

Stadt und Land

Lektion 7 **In der Subura** **48**
Sprache: Gen. Sg. und Pl. (a-, o-, 3. Dekl.); Possessivpron.
Text: Vorläufiges Textverständnis (Illustration, Sachfeld)
Kultur: Feuerwehr

Lektion 8 **Ein feines Kräutchen** **52**
Sprache: Dat. Sg. und Pl. (a-, o-, 3. Dekl.); Personalpron.; *posse*
Text: Vorläufiges Textverständnis (Sachfeld); Gliederung
Kultur: Gewürze

Lektion 9 **Großvaters Lektion** **56**
Sprache: AcI
Text: Strukturdifferenzen auflösen und sich von typisch lat. Wendungen lösen
Kultur: Cato

Kultur: Leben in der Großstadt Rom und auf dem Land; römisches Haus	60
Methoden: Recherche; Textvorerschließung	62
Sprache: Wiederholungsübungen	64

Familienstreit

Lektion 10 **Wehe den Besiegten!** **66**
Sprache: *is, ea, id*; Dat. poss.
Text: Thema und Schlüsselbegriff benennen; Charakterisieren
Kultur: Toga

Lektion 11 **Romulus und Remus** **70**
Sprache: *ire*; Reflexivpronomina; Reflexivität im AcI
Text: Paraphrase; Textaussagen reflektieren und Stellung nehmen
Kultur: Vestalinnen

Lektion 12 **Der Raub der Sabinerinnen** **74**
Sprache: u- und v-Perfekt
Text: Gliederung; vorläufiges Textverständnis (Illustration; Sachfeld)
Kultur: Asia

Kultur: Römische Schule	78
Methoden: Wortbildung (Komposita); Einrückmethode	80
Sprache: Wiederholungsübungen	82

Inhalt

Erfolg und Niederlage

Lektion 13 **Der Laden läuft!** 84
Sprache: weitere Perfektbildungen; Partizip Perfekt Passiv
Text: vorläufiges Textverständnis (Überschrift, Einleitung); Textsorte (Dialog)
Kultur: Patron und Klient

Lektion 14 **Gerüchte am Badetag** 88
Sprache: Infinitiv Perfekt; Vorzeitigkeit im AcI
Text: vorläufiges Textverständnis (Personengruppen, Sachfeld)
Kultur: Legionsadler

Kultur: Thermen und Wasserversorgung	92
Methoden: Textvorerschließung; Übersetzungstipps zum AcI	94
Sprache: Wiederholungsübungen	96

Hochzeit

Lektion 15 **Vollendete Tatsachen** 98
Sprache: Imperfekt; Konjunktionen und Subjunktionen
Text: Hintergrundinformationen nutzen; Textaussagen
mit heutigem Leben vergleichen
Kultur: Ehegesetze

Lektion 16 **Zukunftsträume** 102
Sprache: Futur I (a- und e-Konj.)
Text: Reflektieren (Text entsprechend der Fragestellung analysieren, Belege anführen)
Kultur: Hochzeitsbräuche

Lektion 17 **Manchmal kommt es anders** 106
Sprache: Futur I (i-, kons. und kurzvok. i-Konj.)
Text: Reflektieren (Text entsprechend der Fragestellung analysieren, Belege anführen)
Kultur: Cursus honorum

Kultur: Germanien	110
Methoden: Textvorerschließung (Tempusrelief): Baukastensystem der Verbformen	112
Sprache: Wiederholungsübungen	114

Lateinische Schrift und Aussprache 116
Lernwortschatz 118
Grammatik 142
Übersicht Grammatiktabellen 178
Alphabetisches Namensverzeichnis 182
Alphabetischer Wortschatz 186
Zeittafel 192

Quellennachweis

Rondogramme:
Theo Wirth, Christian Seidl, Christian Utzinger:
Sprache und Allgemeinbildung © Lehrmittelverlag Zürich

Abbildungen:
akg / Bildarchiv Monheim: 60, Abb. 1
akg / Bildarchiv Steffens: 79, Abb. 5; 92, Abb. 2; 93, Abb. 5, 6
akg / De Agostini Pict.Lib.: 25, Abb. 8; 42, Abb. 2; 43, Abb. 5
akg-images: 79, Abb. 3
akg-images / Peter Connolly: 60, Abb. 2; 61, Abb. 3; S. 93, Abb. 4
akg-images / Gerard Degeorge: 92, Abb. 1
akg-images / Electa: 78, Abb. 2
akg-images / Werner Forman 42, Abb. 3
akg-images / Erich Lessing: 42, Abb. 1; 43, Abb. 6, 7; 61, Abb. 4; 110, Abb. 2, 3; 111, Abb. 5
akg-images / Museum Kalkriese: 111, Abb. 4
akg-images / Nimatallah: 45
www.digitalstock: PRILL Mediendesign & Foto: 110, Abb. 1
© Errance, 2006: S. 111, Abb. 6
Andreas Praefcke: S. 124, Abb. 1
Mailand, Museo Teatrale alla Scala: S. 25, Abb. 6
Rom, Museo Nazionale Romano: S. 24, Abb. 3
Rom, Museo della Civiltà Romana: S. 25, Abb. 4
© The Trustees of the British Museum: S. 24, Abb. 2, 7; S. 43, Abb. 4; S. 78, Abb. 1; S. 93, Abb. 3

1 Die Selicii

Immer Ärger mit dem lieben Vieh

Ein warmer römischer Frühlingstag geht zu Ende. Im Hause der Selicii ist es bald Zeit fürs Abendessen. Doch noch sind nicht alle da …

Hīc domicilium Seliciī[1] est.
Sextus Selicius Cōmis dominus est, Aurēlia domina est. Mārcus fīlius est, Gāia et Paulla fīliae sunt. Etiam Gallus servus hīc habitat.

1 Seliciī: des Selicius

Sextus Selicius iam adest et exspectat.
»Silentium placet. Sed ubī sunt līberī? Cūr nōn veniunt?«

Aurēlia intrat. »Negōtia multa[2] sunt. Sed Gallus servus nōn venit. Cūr nōn pāret? Servī pārēre dēbent!«

2 multa: viele

Subitō līberī intrant: »Gallus in viā[3] est. Venīre et spectāre dēbētis[4]!«

3 in viā: auf der Straße   **4 dēbētis:** ihr müsst

Caper nōn venit.
Cūr nōn pāret?
Caprī pārēre
dēbent!

1. Suche alle Begriffe heraus, die die Personen bezeichnen, und stelle sie in einem Stammbaum zusammen.
2. Spielt die Szene so nach, dass die Eigenschaften der Personen deutlich werden.
3. Wie würdest du Gallus aus der Patsche helfen?

Namen

Vielleicht ist dir aufgefallen, dass der Vater drei Namen trägt. Das war bei den Römern üblich. Jeder männliche Römer hatte ein *praenomen* (Vorname), ein *nomen gentile* (Familienname) und ein *cognomen* (Beiname). Das *cognomen* bezeichnete ursprünglich eine typische Eigenart seines Trägers, wurde aber später einfach weitervererbt, wie ja auch bei uns viele Leute Müller oder Schneider heißen, ohne dass sie diese Berufe ausüben. Römerinnen führten als Namen entweder ein *praenomen* (Gaia, Paulla) und die weibliche Form des *nomen gentile* ihres Vaters (Selicius → Selicia) oder nur die weibliche Form des *nomen gentile* (Aurelius → Aurelia).

1 Die Selicii

1 Wer ist wer?
Ordne die Namen und Bezeichnungen richtig zu.

Aurelia	dominus
Gallus	liberi
Paulla et Gaia	servus
Sextus	domina
Gaia et Paulla et Marcus	filiae

2 Wer macht was?
Bilde kleine Sätze und übersetze sie.

servus	intrant
Selicii	adest
liberi	non venit
dominus	non paret
filiae	hic habitant
caper	spectat
Paulla	veniunt

3 Ordne folgende Wörter den Bildern zu.
a) intrare
b) caper
c) habitare
d) liberi
e) spectare

4 Für Sprachforscher.
Von welchem lateinischen Wort stammen diese Fremdwörter? Finde heraus, was sie bedeuten.

a) Service
b) Spektakel
c) dominant
d) Habitat

5 Erzähle deinem Nachbarn auf Deutsch eine kleine Geschichte, die fünf Wörter aus dem Lernwortschatz enthält. Findet er sie?

6 Wiederhole die Vokabeln der Lektion 1. Ordne sie dann in einer Tabelle: Substantiv – Verb – unveränderlich

7 Ordne die Substantive nach ihrem Geschlecht (= Genus) in einer Tabelle: mask. – fem. – neutr.

dominus	servi
silentium	dominae
caper	liberi
negotia	filia

8 Singular und Plural. Bilde die fehlenden Formen.

domina	–	
filius	–	
caper	–	
negotium	–	
	–	filiae
	–	domini

14 | Nom. Sing. und Pl. der a- und o-Dekl.; 3. Person Sing. und Pl. der ā-, ē-, ī-Konj.

Die Selicii

9 Bilde Sätze, indem du jedem Subjekt ein Prädikat zuordnest. Übersetze.

Sextus   non veniunt.
Capri   placet.
Paulla   adest.
Silentium   exspectat.

10 Ergänze folgende Sätze und übersetze.

a) Gallus _____ servus.
b) Marcus et Gaia liberi _____.
c) Sextus _____ dominus.
d) Sextus iam _____.
e) Sed Gallus non _____.
f) Servus parere _____.
g) Etiam liberi parere _____.

11 Bestimme die Satzglieder und übersetze.

a) Sextus adest.
b) Aurelia intrat.
c) Marcus et Gaia veniunt.
d) Servus non venit.

12 Fülle die Lücken und übersetze.

Aurelia: »Cur Gall■ non pare■? Servi pare■ debe■.« Sed subito liberi intra■: »Gall■ in via¹ ■! Caper non veni■.«

1 in via: auf der Straße

13 Richtig oder falsch?
Das Lösungswort verrät es dir.

	richtig	falsch
Gallus dominus est.	fe	se
Caper non venit.	li	lib
Negotia multa sunt.	ci	in
Capri parere non debent.	vus	i

14 Ubi oder cur?
Bilde Fragen zu folgenden Sätzen und übersetze.

Hic familia habitat. – Ubi familia habitat?

a) Gallus in via est.
b) Liberi non veniunt.
c) Marcus non paret.
d) Hic Selicii sunt.

15 Bilde kurze lateinische Sätze zu dem Bild und lass deinen Nachbarn übersetzen.

Nom. Sing. und Pl. der a- und o-Dekl.; 3. Person Sing. und Pl. der ā-, ē-, ī-Konj.

Die Selicii

Und er bewegt sich doch!

Der arme Gallus! Der störrische Ziegenbock macht große Probleme. Zum Glück gibt es die Kinder Gaia, Marcus und Paulla, die gleich Hilfe holen.

Statim dominus et domina et līberī forās[1] currunt. Ibī Gallum servum vident.

Domina: »Cūr caper nōn currit?«

Gallus: »Nōn pāret. Caprum incitāre nōn possum[2].«

5 Domina: »Sed servī semper caprōs incitant et caprī carrōs trahunt. Cūr Gallus caprum nōn verberat?«

Mārcus: »Bēstiās verberāre nōn licet! Gallus blanditiās[3] dīcere dēbet.« Gallus trahit, Gallus clāmat, Gallus blanditiās[3] dīcit. Sed caper sē[4] nōn movet.

10 Paulla: »Caper dōnum cupit. Caprī semper dōna cupiunt.«

Dominus: »Ita est. Necesse est apportāre … capram[5]!«

Gallus: »Hmmm … sed capram invenīre nōn possum[2].«

Domina: »Gallus negōtia nōn cūrat. Nōn est servus, sed caper!« Statim domina sē[4] vertit: Sextum et līberōs et Gallum servum relinquit.

15 Subitō Mārcus: »Heurēka[6]! Caper cibum cupit!«

Gāia: »Ita est. Necesse est apportāre herbās et frūmentum!«

Līberī cibum apportant et tandem caper sē[4] movet.

1 forās: hinaus, nach draußen
2 possum: ich kann
3 blanditiae: Schmeicheleien, Lockworte
4 sē: sich
5 capra: *Femininum zu* caper
6 Heurēka!: *griech.:* Ich hab's!

1. Stelle alle Verben zusammen und sortiere: Was macht der Ziegenbock und was geschieht mit ihm?
2. Welche Lösungen für das Problem werden demnach vorgeschlagen?
3. Wieso ist jede Idee für die Person, die sie vorschlägt, typisch?
4. Stellt einzelne Szenen der Geschichte im Standbild dar. Die anderen Schülerinnen und Schüler benennen die dargestellte Etappe.
5. Welche Konsequenzen könnte das Verhalten von Gallus haben?

Familie

Vater, Mutter, Kinder, vielleicht noch Oma und Opa – so stellen wir uns eine normale Familie vor. Aber was hat das mit dem Lateinunterricht zu tun? Nun, unser deutsches Wort *Familie* kommt von dem lateinischen *familia*. Damit verwandt ist das Adjektiv *familiaris = vertraut, freundschaftlich*. Eine Familie ist demnach ein Ort, wo man vertrauensvoll und freundschaftlich miteinander umgeht. Genau so sollte es in einer Familie ja sein. Zur römischen *familia* gehörten neben den engeren Familienmitgliedern auch die Sklaven. Sie genossen Vertrauen, doch erwartete man im Gegenzug ihre Treue.

Oberhaupt der *familia* war der *pater familias*. Er hatte – theoretisch – die Gewalt über Leben und Tod aller (!) Familienmitglieder. Allerdings machte eigentlich niemand davon Gebrauch, denn die Römer hatten einen ausgeprägten Familiensinn. Nach dem *pater familias* war die wichtigste Person die *mater familias*. Sie erzog die Kinder, verteilte die Aufgaben an die Dienerschaft und kümmerte sich darum, dass es allen Mitgliedern der *familia* an nichts mangelte. Sie war das Herz der *familia* und darum begegnete man ihr mit äußerstem Respekt.

2 Die Selicii

1 Übersetze und beschreibe dann die neuen Erscheinungen.

a) Sextus Selicius filium exspectat.
b) Aurelia filiam exspectat.
c) Sextus et Aurelia liberos exspectant.
d) Caper donum exspectat.
e) Liberi herbas apportant.
f) Caper dona cupit.
g) Capri carros trahunt.

2 Eselsbrücken.
Lies mit deinem Partner die neuen Wörter der Lektion 2 abwechselnd vor. Überlegt euch möglichst viele Eselsbrücken! Stellt diese der Klasse vor.

3 Rap – Vokabeln mit Pepp!
Texte einen Rap, in dem mindestens zehn Wörter aus den Lektionen 1 und 2 vorkommen! Trage diesen der Klasse vor.

»Dominus heißt Herr, mit cur fragt man warum. Ita est – so ist es! Der Servus steht nur rum.«

4 »Und er bewegt sich doch …«
Stelle alle Verben zusammen, die eine Bewegung ausdrücken.

5 Mindmap.
Erstelle eine Mindmap zum Sachfeld Familie.

6 Nominativ und Akkusativ: Ergänze die fehlenden Formen.

Nom. Sg.	Akk. Sg.	Nom. Pl.	Akk. Pl.
filius			
	carrum		
		dona	
			filias

7 Welches der Wörter passt nicht in die Reihe? Begründe deine Entscheidung.

a) herba – caprum – donum – bestiam
b) caper – filius – domina – servum
c) liberos – dona – bestiae – filias
d) negotia – carros – servi – filiae

Die Selicii 2

8 Ergänze die Reihe.

movere	– movet	– movent
	– paret	
		– cupiunt
apportare		
		– trahunt

9 | 1 Fülle die Lücken und übersetze.

a) Serv■ negoti■ curare debe■.
b) Marc■ don■ exspecta■.
c) Domin■ liber■ relinqu■.
d) Fili■ herb■ apport■.
e) Cap■ carr■ trah■.

2 Verwandle die Sätze vom Singular in den Plural und umgekehrt, wo das sinnvoll ist.

10 Bestimme die Satzglieder und übersetze.

a) Aurelia liberos incitat.
b) Paulla cibum apportat.
c) Gaia Marcum videt.
d) Gallus caprum verberat.
e) Carrum trahit.

11 Bilde sinnvolle Sätze aus dem Wortspeicher und übersetze diese.

Sextus	Gallum	apportat
filia	liberos	relinquit
servus	caprum	incitat
Aurelia	cibum	cupit

12 Römer sind sparsam, auch wenn es um Sprache geht. Welches Possessivpronomen kann man jeweils im Deutschen ergänzen?

a) Dominus filium exspectat.
    Der Herr erwartet _____ Sohn.
b) Aurelia: »Liberi venire debent.«
c) Sextus: »Gallus negotia non curat.«
d) Caper cibum cupit.
e) Capra¹ caprum non relinquit.

1 **capra:** *Femininum* zu caper

13 »Tabu!« – Fachbegriffe sind gefragt.
Bildet Zweierteams. Immer abwechselnd erklärt einer von euch seinem Partner einen Begriff, ohne diesen zu nennen. Für jeden erratenen Begriff gibt es einen Punkt. Welches Team gewinnt?

»Ein Kasus, nach dem man mit ›wen?‹ fragt?« – »Akkusativ!«

14 | 1 Stelle alle lateinischen Wörter zusammen, die du brauchst, um dieses Bild zu beschreiben.

2 Bilde kurze lateinische Sätze und lass deinen Nachbarn übersetzen.

Akkusativ Sing. und Pl. der a- und ö-Dekl.; 3. Person Sing. und Pl. der kons. Konj.

3 Die Selicii

Augen auf beim Sklavenkauf

Jetzt reicht es Aurelia: Gallus ist einfach zu nichts zu gebrauchen. Deshalb hat sie beschlossen, endlich eine tüchtige Sklavin zu kaufen. Die Familie ist auf dem Weg zum Markt.

Aurēlia: »Gallus servus malus est. Negōtia nōn cūrat.«

Paulla: »Inīquum est! Gallus servus bonus est! Puer est et fortūnam miseram tolerāre dēbet.«

Sextus: »Tacē, Paulla! Necesse est emere ancillam probam.«

5 Aurēlia: »Ita est!«

Mārcus: »Hīc virī probī frūmentum et cibum bonum et multās aliās rēs[1] vēndunt. Sed ubī sunt servī?«

Gāia: »Ecce! Ibī virī catellās[2] pulchrās vēndunt. Ō pater, eme mihī[3] dōnum!«

10 Paulla: »Ō pater, mihī[3] quoque dōna pulchra eme!«

Aurēlia: »Tacēte, fīliae! Pater nōn dōnum, sed ancillam probam emere dēbet.«

Sextus: »Vidēte! Ibī multī servī sunt. Venīte tandem, līberī!«

Aurēlia: »Ecce ancilla bona! Certē mihī[3] adest et pāret.«

15 Sextus: »Hmmmm …«

Paulla: »Gāia, cūr pater verba nōn iam audit? Cūr subitō familiam relinquit?«

Gāia: »Puellam pulchram videt. Ancillam statim emere cupit.«

Mārcus: »Et puella vērē pulchra est!«

20 Aurēlia: »Sexte! Sexte!!! Dēsine errāre! Necesse est ancillam bonam, nōn pulchram emere.«

1 multās aliās rēs *(Akk. Pl.)*: viele andere Dinge
2 catella: Kette
3 mihī: mir

1 Lies den Einleitungstext. Beschreibe das Bild und äußere Vermutungen über den weiteren Verlauf der Handlung.

2 Überlege dir, aus welchen Gründen Aurelia keine allzu hübsche Sklavin will.

3 Lest den Text mit verteilten Rollen und versucht dabei, den Charakter der Personen und ihre Gefühle wiederzugeben.

4 Gestaltet in eurer Klasse eine Bildergeschichte zum Lektionstext und schreibt zu jedem Bild einen lateinischen Satz.

5 Natürlich kauft Sextus die hübsche Sklavin Asia. Finde mithilfe der Karte hinten im Buch heraus, woher sie und Gallus stammen.

Servi – Sklaven, Unfreie

Dass man Menschen kaufen und ihnen grundlegende Menschenrechte vorenthalten kann, finden wir schrecklich. Das antike Gesellschaftssystem beruhte aber genau darauf. Zumeist waren die Sklaven Kriegsgefangene oder Menschen aus eroberten Gebieten, manche auch verarmte Bauern. Sie alle waren vollkommen rechtlos und mussten ohne Murren tun, was man von ihnen verlangte. Viele hielten das nicht aus und versuchten zu fliehen. Wurden sie wieder eingefangen, drohte ihnen die Todesstrafe. Doch gab es auch zahlreiche Sklaven, die das uneingeschränkte Vertrauen ihrer Besitzer genossen und als wirkliche Mitglieder der *familia* behandelt wurden. Ihnen ging es vergleichsweise gut und man verzieh ihnen sogar gelegentliche Schwächen …

Nicht wenige bekamen Geld für ihre Arbeit und konnten sich später davon freikaufen. Andere wurden von ihren Besitzern freigelassen und blieben ihnen auch weiter eng verbunden, so der Freigelassene *Marcus Tullius Tiro*, der seinem früheren Herrn *Cicero* auch in größter politischer Bedrängnis treu zur Seite stand.

3 Die Selicii

1 Nichts als Befehle.
Übersetze und beschreibe die neuen Erscheinungen.

Sextus: »Galle, veni!
Statim curre!«
Aurelia: »Liberi, venite!
Apportate cibum et herbas!
Statim parete, filiae!«
Sextus: »Marce, Gaia, Paulla, currite!«

2 Alles gut? Übersetze. Woran erkennst du, auf welches Substantiv sich das Adjektiv bezieht?

a) Gallus servus bonus est.
b) Aurelia domina bona est.
c) Gaia et Paulla filiae bonae sunt.
d) Frumentum semper bonum est.
e) Filiae dona bona cupiunt.
f) Caper cibum bonum cupit.

3 | 1 Stelle alle lateinischen Wörter zusammen, die du brauchst, um dieses Bild zu beschreiben.
2 Bilde kurze lateinische Sätze und lass deinen Nachbarn übersetzen.

4 Montagsmaler.
Bildet Zweierteams. Immer abwechselnd zeichnet einer von euch ein lateinisches Wort in sein Heft, der andere muss raten. Welches Team kennt die meisten Wörter?

5 Für Sprachforscher.
Von welchem lateinischen Wort stammen diese englischen Begriffe? Finde heraus, was sie bedeuten.

misery – fortune – necessary – family – tolerate – error

6 Finde den lateinischen Gegensatz.

Sklave – dominus

gut – _____   hässlich – _____
weg sein – _____   wenige – _____
Lärm – _____   Frau – _____
nie – _____   sich widersetzen –
                       _____

Mutter – _____   Sohn – _____
beruhigen – _____   hinausgehen – _____
flüstern – _____   weitermachen – _____

7 | 1 Grenze die Satzbausteine (Subjekt, Prädikat, Objekt) voneinander ab und bestimme sie.

a) Aurelia servos incitat.
b) Servus probus paret.
c) Familia adest.
d) Filiae multa dona cupiunt.
e) Viri catellas[1] pulchras vendunt.

1 catella: Kette

2 Übersetze.

22 | Adjektive d. a- und o-Dekl.; Vokativ; Imperativ

Die Selicii 3

8 Alles für den Bock …
Ergänze die Endungen und übersetze.

a) Caper cib▪ cupit.
b) Ecce! Gallus carr▪ trahit.
c) Gaia herb▪ apportat.
d) Cur caper herb▪ non cup▪?
e) Subito Marcus frument▪ inven▪.
f) Tandem caper curr▪.
g) Liberi don▪ exspect▪.

9 Ergänze die richtige Endung.

a) puellam pulchr▪
b) dona pulchr▪
c) viri prob▪
d) cibos bon▪
e) filias miser▪
f) domina iniqu▪

10 | 1 Bestimme die unterstrichene Form und übersetze den Ausdruck.

<u>filiam</u> spectare – Akk. Sg. Femininum
<u>servos</u> incitare – <u>dona</u> apportare – <u>ancillam</u> emere – <u>puerum</u> videre – <u>carros</u> trahere

2 Ergänze die Ausdrücke um ein passendes Attribut.

11 Welches Wort passt? Entscheide und übersetze.

Paulla dona (multi, multos, multa) cupit.
Statim Sextus catellam[1] (pulchrum, pulchrae, pulchram) emit. Sed Aurelia: »Ancillas (bonos, bonas, bonum) emere necesse est. Gallus servus (malus, malum, malas) est.«
Paulla: »(Iniquum, iniquam, iniqua) est!«

[1] **catella:** Kette

12 | 1 Was wünschen sich die Selicii? Ergänze ihre Wünsche aus dem Wortspeicher auf Latein.

Caper frumentum cupit.

frumentum – domina – cibus – donum – filius – silentium – herba – puer – familia – vir – liberi – negotium

2 Ergänze die Sätze um ein passendes Attribut.

13 Aurelia befiehlt: Bringe ihre Worte in die Befehlsform und übersetze dann.

(caper, tacere) → »Caper, tace!«

a) servi, parere
b) ancilla, audire
c) filiae, statim venire
d) Gallus, caprum verberare
e) Paulla, cibum apportare

14 | 1 Aurelia erwartet viel von ihrer neuen Sklavin. Nenne ihre Wünsche auf Latein:

Aurelia: »Ancilla debet parere.«

2 Formuliere aus Aurelias Wünschen Befehle.

»Ancilla, pare!«

Adjektive d. a- und ō-Dekl.; Vokativ; Imperativ

Die Selicii

Was wäre das Leben ohne Spiele?

1 Relief auf einem Sarkophag

Spielst du gern? Und warst du in ein Spiel schon einmal so versunken, dass du alles um dich vergessen hast? Gut so! Spielen gehört zum menschlichen Leben wie Essen und Schlafen. Im Spiel können wir auf angenehme Art aus dem Alltag aussteigen. Wir können uns ausprobieren und haben eine Menge Spaß dabei.

Spielend, im wahrsten Sinne des Wortes, lernen Kinder ihre Welt begreifen. Daher gibt man ihnen auch gern solches Spielzeug an die Hand, das ihre Lebenswirklichkeit widerspiegelt. Das war bei den Römern nicht anders als bei uns heute. Die Jungen machten sich beim Spiel mit Soldatenfigürchen und Holzschwertern mit Strategie und Militärtechnik der römischen Armee vertraut. Auch Gladiatorenkämpfe und Wagenrennen spielten sie gerne nach – und sei es mit einem kleinen Ziegenbock wie auf der Abbildung 8.

Den Mädchen schenkte man Puppen, Puppengeschirr und Puppenmöbel, damit sie sich spielerisch auf ihre spätere Rolle als Hausfrau und Mutter vorbereiten konnten. In einem Grab haben Archäologen die Ausstattung eines Puppenhauses gefunden: Die Gegenstände sind aus Blei gegossen und nur etwa 5 cm groß. Puppen hat man auch gefunden – einige waren aus Knochen hergestellt, andere aus Stoff oder Terrakotta. Manche hatten sogar bewegliche Arme und Beine, die mit Draht befestigt waren. Wie sie wohl angezogen ausgesehen haben?

2 Metallbänkchen

Die Römer waren sehr kinderlieb. Das zeigen die vielen liebevoll gestalteten Kindersärge, auf denen die Lieblingsspielzeuge der verstorbenen Kinder mit abgebildet sind. Es gab sogar ein Fest, an dem die Kinder mit Spielzeug beschenkt wurden. Es hieß *sigillaria* (Tonpüppchen) und wurde zwischen dem 17. und 23. (später 31.) Dezember während der sogenannten Saturnalien gefeiert. Seinen Namen hatte dieses Fest von kleinen, aus Ton hergestellten Spielfigürchen. Die Saturnalien waren das fröhlichste Fest des Jahres. An ihnen waren viele Dinge erlaubt, die sonst verboten waren.

Gerne spielten die Kinder draußen und tobten sich ordentlich aus. Reifenschlagen war dabei besonders beliebt. Die Reifen waren oft aus Metall gefertigt. Es machte wunderschönen Krach, wenn so ein Reifen auf das Straßenpflaster fiel. Die Mädchen liebten es vielleicht etwas ruhiger und schaukelten gerne. Spiele mit Murmeln oder Nüssen mochten dagegen alle. Nuces castellatae (Nüssetürmchen) waren besonders populär. Man sieht sie oft dargestellt auf Sarkophagen (= Steinsärgen). Hier ging es darum, durch einen gezielten Wurf die Türmchen zu zerstören. Ein weiteres, sehr beliebtes Spiel war das Delta-Spiel. Es lässt sich ohne großen Aufwand nachspielen. Man zeichnet oder klebt ein großes gleichschenkliges Dreieck auf den Boden. Jeder Mitspieler bekommt fünf Nüsse oder Murmeln, die er in Felder mit möglichst hohem Zahlenwert wirft. Wer am Ende die meisten Punkte geworfen hat, hat gewonnen.

3 Knochenpuppe

Die Selicii

Ballspiele standen bei Jung und Alt gleichermaßen hoch im Kurs, besonders Trigon, ein Ballspiel, das man zu dritt spielt und das einiges Geschick erfordert. Dazu benötigt man drei Spieler und drei Bälle. Die Spieler bilden ein Dreieck und werfen sich im Uhrzeigersinn gleichzeitig die Bälle zu. Wer fünfmal einen Ball fallen lässt, hat in dieser Runde verloren.

Ebenso erfreuten sich Brettspiele, darunter das heute noch bekannte Mühlespiel, großer Beliebtheit. Sie konnten eigentlich überall gespielt werden. Die Spielfelder wurden einfach in den Boden (oder in den Marmor von Treppen!) geritzt. Als Spielsteine dienten Kiesel. Man hat zahlreiche Überreste solcher eilends eingeritzten Spielfelder gefunden. Aus all dem kann man schließen, dass Langeweile im alten Rom eigentlich ein Fremdwort gewesen sein müsste.

1 Ordne die Bilder den beschriebenen Spielen zu.
2 Spiele wie die Römer: Suche dir ein Spiel aus und probiere es mit deinen Mitschülern aus.

4 Figur aus Kalkstein

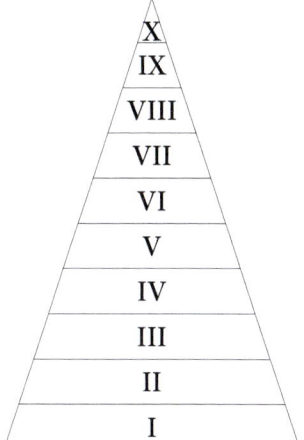
5 Straßenspiel

6 rotfigurige Vase

8 Relief auf einem Sarkophag

7 Zinnfigur

Römische Kinderspiele | 25

1–3 Die Selicii

So geht's

Vokabeln lernen kann jeder

Ein berühmter Komiker hat einmal Folgendes gesagt: »Kunst ist schön, macht aber viel Arbeit.« Dieser Satz lässt sich gut auf das Lateinische übertragen. Latein ist auch schön, macht aber auch viel Arbeit.

Das beginnt bei den Vokabeln. Nur wer über einen gewissen Wortschatz verfügt, kann wirklich übersetzen. Wörter muss man einfach lernen und immer wieder üben. Es ist wie bei einem Musikinstrument. Aber wir haben einige Tipps für dich, die dir das Wörterlernen erleichtern können:

Nie zu viel auf einmal wollen!

Am leichtesten lernst du Wörter in Päckchen von höchstens zehn Stück. Diese Wörter solltest du mindestens einmal laut lesen und am besten – z.B. in ein Vokabelheft – auch aufschreiben. Nun deckst du erst die deutsche, dann die lateinische Seite zu und überprüfst dein Wissen. Wörter, die du nicht weißt, markierst du mit einem Minusstrich. Diese Wörter musst du natürlich noch einmal üben. Nach einer Pause solltest du deine neu erworbenen Wortschatzkenntnisse überprüfen.

Regelmäßig wiederholen!

Damit du die Wörter nicht wieder vergisst, solltest du sie regelmäßig wiederholen – am besten gleich wenige Stunden später und am Tag darauf.

Karteikarten

Mithilfe von Karteikarten lassen sich Wörter besonders gut lernen. Auf die Vorderseite schreibst du den lateinischen Begriff und auf die Rückseite die deutsche Übersetzung. Dann sortierst du die Karten in das erste Fach deines Karteikastens. Du übst immer eine kleine Anzahl Vokabeln. Wörter, deren Bedeutung du kennst, kommen ein Fach weiter, die anderen bleiben im ersten Fach. So kannst du ganz gezielt genau die Wörter üben, die dir Schwierigkeiten machen, und sie hoffentlich ebenfalls bald »befördern«.

Natürlich kannst du auch ein Computerprogramm (z.B. Phase 6) benutzen.

Abwechslung

Es gibt natürlich noch andere Möglichkeiten, erfolgreich Wörter zu lernen. Um die für dich passende Methode herauszufinden, musst du wissen, welcher Lerntyp du bist: Wie lernst du Wörter am besten?
- durch Aufschreiben
- indem du dir Bilder merkst oder selbst zeichnest
- durch Ausdenken einer Geschichte
- durch pantomimisches Spielen der Wörter
- über Hören und/oder lautes Lesen

- anhand von lustigen Eselsbrücken
- mit Fremdwörtern oder sogenannten Lehnwörtern
- anders

Probiere aus, welche Methode die richtige für dich ist. Erlaubt ist, was nützt! Doch egal, welcher Lerntyp du bist: Die Abwechslung macht's.

Wenn du ein Vokabelheft führst, kannst du beispielsweise zwischen der lateinischen und der deutschen Spalte eine dritte für Gedächtnisstützen einfügen: Fremdwörter oder Lehnwörter (das sind Wörter, die es sich in einer anderen Sprache so häuslich eingerichtet haben, dass man sie gar nicht mehr als fremd erkennt), Eselsbrücken, Bildchen o. Ä.

Mindmap

Eine Mindmap hilft dir, Wörter im Gedächtnis miteinander zu vernetzen. Du kannst neue Vokabeln an bereits bekannte »andocken« und sie dir so besser merken. Du kannst beispielsweise Wörter sammeln, die alle zu einer Wortfamilie gehören und den gleichen Ursprung haben (z. B. miser und miseria). Oder du stellst ein Sachfeld zusammen, z. B. zum Thema Familie: familia, filia, servus.

Es gibt mehrere Varianten von Mindmaps. Wir beginnen mit dem sogenannten Wortigel. Dafür sammelt man möglichst viele Wörter, die zu einem Begriff passen. Wir haben als Ausgangsbegriff das Wort caper gewählt.

1 Finde zusätzliche Wörter und erweitere den Wortigel.

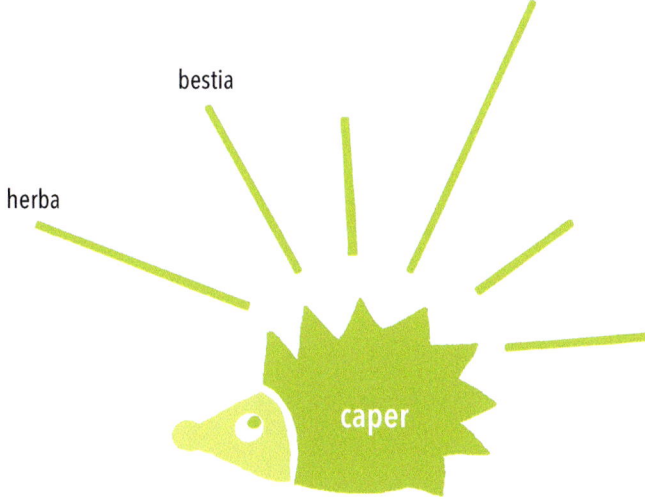

Das hast du schon gelernt:
Es gibt viele Möglichkeiten, Wörter zu lernen: Die Abwechslung macht's! Wichtig: Nie zuviel auf einmal lernen – und nach einer kleinen Pause gleich noch einmal wiederholen.

Die Selicii

1 Singular oder Plural?
Wähle die richtige Form für das Subjekt und übersetze den Satz.

a) _____ (servus) exspectant.
b) _____ (dominus, domina) iam adsunt.
c) _____ (negotium) non placet.
d) _____ (caper) venire debent.

2 Singular oder Plural?
Wähle die richtige Form für das Prädikat und übersetze den Satz.

a) Hic Selicii _____ (habitare).
b) Silentium _____ (placere).
c) Ubi _____ (esse) Gaia et Paulla?
d) Filiae _____ (intrare).
e) Dominus et domina hic habitare non iam _____ (debere).

3 Setze die Bausteine zu lateinischen Wörtern zusammen. Gib jeweils auch die deutsche Bedeutung an. Wo gibt es mehrere Möglichkeiten?

domin – plac – serv – cap – silenti – exspect – negoti – deb – fili – ven	a – are – er – ere – ire – um – us

4 Welche Form passt nicht?
Begründe deine Auswahl.

a) tolerat – tacent – emit – adest
b) incitat – sunt – emunt – tacent
c) malus – iniqua – probum – pulchrae
d) frumenta – dona – verba – puella
e) fortuna – viri – ancillae – negotia
f) mala – miseras – pulchros – multum

5 Gib zu den Infinitiven ihre deutsche(n) Bedeutung(en) an und bilde von ihnen alle Verbformen, die du schon kennst.

adesse – audire – clamare – cupere – debere – relinquere

6 Wandle folgende Aussagesätze in Befehlssätze um und übersetze dann.

(Beispiel: Domina intrat. – Intra, domina! – Tritt ein, Herrin!)

a) Liberi cibum apportant.
b) Dominus dona emit.
c) Servi caprum incitant.

7 Wer ist das? Ergänze das Subjekt und übersetze.

a) _____ ancillam probam emere cupit.
b) _____ fortunam miseram tolerare debet.
c) _____ puellam pulchram emere cupit.
d) _____ frumentum et cibos vendunt.
e) _____ dona pulchra cupiunt.

8 Baue aus den Satzteilen sinnvolle lateinische Sätze zusammen. In jeder Spalte darfst du dich pro Satz maximal einmal bedienen.

cur	filius et filia	non	sunt
ubi	liberi	iam	placent
	dominus et domina		intrat
	servus		exspectant
	capri		est
	negotia		venit

Die Selicii 1–3

9 Bilderrätsel. Die Bilder geben kleine Sätze vor. Formuliere sie auf Latein.

10 | 1 Übertrage die Tabelle in dein Heft und ergänze die Lücken.

Nom. Sg.	Nom. Pl.	Akk. Sg.	Akk. Pl.
caper			
	filiae		
		donum	
			carros

2 Ergänze die Wörter in der Tabelle mit dem Adjektiv »bonus«.

11 Ordne jedem Substantiv das passende Adjektiv zu.

a) donum   A) probos
b) pueros   B) iniqui
c) cibus   C) miseram
d) ancillam   D) bonus
e) verba   E) pulchrum
f) puellas   F) mala
g) domini   G) multas

12 | 1 Gib an, aus welchen Teilen der Eigenname eines freien Römers besteht.

2 Nenne den Unterschied zwischen einer römischen familia und einer Familie bei uns heute.

3 Erkläre, welche Rolle der pater familias und die mater familias spielten.

4 Erkläre, wie man in der Antike Sklave wurde.

5 Gib an, was und womit römische Mädchen und Jungen spielten.

13 Fremdwortspezialist
Gib zu folgenden Wörtern das lateinische Ursprungswort und seine deutsche Bedeutung an.

a) Toleranz – miserabel – Kurier – Lizenz – Advent

b) *debit* card – *capri*-corn – Filiale – parieren – to enter – dominant – in-*habitants* – to negotiate – servieren

4 Die Säkularfeier

Nächtliches Opfer

Heute ist ein großer Tag: Kaiser Augustus veranstaltet die große Säkularfeier (ludi saeculares), es stehen verschiedene Opferfeierlichkeiten und Spiele an. Der Großvater ist vom Land zu Besuch gekommen, denn alle Selicii wollen schon am Eröffnungsabend gemeinsam zum Fest gehen.

Tandem Seliciī in Campum Mārtium[1] veniunt. Ibī magnam turbam vident. Multī hominēs iam adsunt; puellae et puerī laetī per campum currunt et carmina cantant.

Subitō silentium est: Turba tacet et exspectat.

5 Mārcus: »Ecce sacerdōtēs et imperātor Augustus.«

Avus: »Tacē! Sacerdōtēs ad āram veniunt. Ecce, nunc etiam imperātor ibī stat et deōs implōrat.«

Augustus: » … et accipite hostiās! Date fortūnam bonam et pācem sempiternam[2]! …«

10 Tum sacerdōtēs novem[3] ovēs[4] et novem[3] caprās[5] immolant. Paulla hostiās videt, timet, flet.

Mārcus: »Quid est[6]?«

Paulla: »Certē nostrum[7] caprum immolant!«

Sed frāter sorōrem plācat: »Caper noster[7] domī[8] est! Ecce! Caprae[5] sunt,
15 nōn caprī!«

1 **Campus Mārtius:** das Marsfeld
2 **sempiternus,** a, um: dauerhaft
3 **novem:** neun
4 **ovis:** Schaf
5 **capra:** *Femininum* zu caper
6 **Quid est?:** Was ist los?
7 **noster,** nostra, nostrum: unser
8 **domī:** zu Hause

1 Überfliege den Text. Finde mithilfe der Lernvokabeln heraus, wo die Selicii sind und was sie sehen.
2 Beschreibe die Stimmung zu Beginn der Säkularfeier auf dem Marsfeld und nenne die entsprechenden lateinischen Wörter.
3 Erläutere die Rolle des Augustus und die der Priester.
4 Du bist Marcus oder Paulla. Schreibe einen kurzen Tagebucheintrag über deine Erlebnisse bei den Opferfeierlichkeiten.

Opfer

Den Römern war die Verehrung ihrer Götter sehr wichtig. Es gab zahlreiche Feiertage im Jahr, viele verbunden mit Opferfeierlichkeiten: Eine Gabe sollte die Götter freundlich stimmen und zu einer Gegenleistung verpflichten – »ich gebe, damit du gibst«. Neben Blumen und Früchten opferte man auch Tiere. Makellos mussten sie sein und sich bereitwillig opfern lassen, sonst galt ihr Opfer als wertlos. Auch die glückliche Rückkehr von Reisen feierte man mit Tieropfern. Ein Scherzbold wünschte einmal Kaiser Augustus für eine bevorstehende Reise im Interesse der Tiere, dass er nicht gesund zurückkehren möge. Das kam natürlich nicht so gut an, aber zum Glück war Augustus nicht kleinlich …

*Wo ist Gaia?

Nach dem Opfer machen sich die Selicii wieder auf den Heimweg und bahnen sich einen Weg durch die Menschenmenge auf dem Marsfeld.

Subitō Paulla: »Ubī est Gāia?« – »Gāia! Gāia!« Paulla clāmat et clāmat, sed sorōrem nōn invenit. Seliciī timent, per campum currunt, clāmant: »Gāia! Gāia!« Māter etiam deōs bonōs implōrat.

Et Gāia? – Gāia ibī puerum pulchrum videt. Puer carmen cantāre vidētur[1],
5 sed Gāia verba nōn audit. Tum ad eum[2] venīre cupit. Tandem audit: Puer »Gāia! Gāia!« clāmat. – Sed puella errat! Nōn puer, sed frāter clāmat et Seliciī Gāiam exspectant!

1 vidētur: er/sie/es scheint
2 ad eum: zu ihm

1 Wie reagiert die Familie auf Gaias »Verschwinden«? Versetze dich in die Rolle eines Familienmitglieds und beschreibe deine Gedanken.

4 Die Säkularfeier

1 Vor dem Opfer
Bestimme die neuen Formen und übersetze die Sätze.

a) Liberi patrem exspectant. Sed pater non adest.
b) Multi homines iam adsunt. Liberi veniunt et multos homines spectant.
c) Liberi carmina multa cantant. Carmen pulchrum placet.

2 Wo sind sie denn?
Übersetze und beschreibe dann, wie die Ortsangaben gebildet werden.

a) Familia in Campum Martium venit.
b) Liberi statim per campum currunt.
c) Tandem filiae ad patrem veniunt.
d) Sextus puellas ad aram exspectat.

3 | 1 Stelle alle lateinischen Wörter zusammen, die du brauchst, um das Bild zu beschreiben.
2 Bilde kurze lateinische Sätze und lass deinen Nachbarn übersetzen.

4 Bilde die Grundform und gib die Bedeutung an. Ordne nach Deklinationen.

viri – imperatores – hominem – verbum – hostias – sacerdotes – turbam – sororem – dona – aram – fratrem – capros – carmen

5 Gib die Bedeutung an und ordne nach Konjugationen.

accipere – movere – cupere – flere – parere – dicere – currere – trahere – tacere – vertere – videre – timere

6 Sachfeld
Stelle Wörter zusammen, die zu einem dieser Sachfelder passen: Fest/feiern - Arbeit

7 Pantomime
Notiere fünf Verben. Spiele sie der Klasse vor, die Mitschüler notieren ihre Lösung. Wer errät alle?

Die Säkularfeier 4

8 Welche Form passt nicht? Begründe deine Auswahl.

a) iam – magnam – aram – bonam
b) servi – multi – ibi – pueri
c) imperatorem – sororem – tandem
d) malum – tum – verbum – cibum
e) vere – certe – ibi – verte

9 Die Endungen zählen! Setze die Reihen fort:

veni! – venit – venite! – veniunt – venire
tace! – ___ – ___ – ___ – ___
clama! – ___ – ___ – ___ – ___
curre! – ___ – ___ – ___ – ___
accipe! – ___ – ___ – ___ – ___
audi! – ___ – ___ – ___ – ___

10 Nominativ und Akkusativ: Ergänze die fehlenden Formen.

Nom. Sg.	Nom. Pl.	Akk. Sg.	Akk. Pl.
sacerdos			
	carmina		
		fratrem	
			homines

11 Einer – viele: Bilde die Singular- oder Pluralform.

a) imperator probus – ___
b) ___ – homines laeti
c) fratrem bonum – ___
d) ___ – sacerdotes magnos
e) carmen bonum – ___
f) ___ – sorores pulchras

12 Ergänze die fehlenden Endungen und übersetze.

a) Sextus ancill_ pulchr_ cupit.
b) Sed Gaia patr_ implorat.
c) Pater don_ mult_ emere debet.
d) Paulla sacerdot_ mal_ timet.
e) Sacerdos capr_ miser_ immolat.
f) Paulla non iam laet_ est, sed pater don_ pulchr_ apportat.

13 Wann? Wie? Wo? Füge die passende Orts- oder Zeitbestimmung ein und übersetze.

Turba ___ venit. Sacerdos ___ stat.
___ deos implorat. ___ silentium est.
Caper ___ currit.

per campum – in Campum Martium –
ad aram – subito – ibi

14 **1** Grenze die Satzbausteine ab (Subjekt, Objekt, Prädikat, Ortsangabe) und bestimme sie.
2 Übersetze.

a) Paulla Gaiam non invenit. Soror pulchra non adest. Paulla timet.
b) Pater et mater per campum currunt, clamant. Gaia tacet: Puerum pulchrum ad aram videt.
c) Liberi sororem inveniunt, laeti sunt.

5 Die Säkularfeier

Mit Schwert und Netz

Am nächsten Tag stehen Gladiatorenspiele auf dem Festprogramm. Der Großvater und Marcus besuchen die Feierlichkeiten. Auch Gaia, die den berühmten Gladiator Afer sehr bewundert, darf dabei sein.

Gāia cum frātre et avō in Campō Mārtiō[1] stat et *gladiātōrēs* exspectat. Hodiē Āfer rētiārius[2] cum Lȳdō pūgnat.

Hōrā septimā[3] *gladiātōrēs arēnam* intrant; populus gaudet; adversāriī imperātōrem magnā vōce salūtant: »Avē[4], Caesar, imperātor, moritūrī[5] tē[6] salūtant!«

Tum Augustus sīgnum dat et *gladiātōrēs* armīs pūgnāre incipiunt.

Gāia: »Āfer est *gladiātor* probus et pulcher! Ecce, adversārium magnā vī petit … Ah, Lȳdus resistit et …«

Mārcus: »Tacē tandem! Pūgna nōn placet, quia semper garrīs[7].«

Tum Gāia tacet.

Gladiātōrēs magnīs vīribus pūgnant. Nunc autem Lȳdus Āfrum gladiō petit, Āfer rēte[8] āmittit, iacet; Gāia tōtō corpore trepidat[9]. »Dolō pūgnat! Dēsine, Lȳde! Lȳdum ē campō trahite, arbitrī[10]!« Gāia flet.

Subitō populus tacet; Āfer ab imperātōre vītam petit, populus imperātōrem spectat. Augustus manū[11] sīgnum dat et … – Gāia gaudet.

1 **Campus Mārtius:** Marsfeld
2 **rētiārius:** Netzkämpfer
3 **septimus**, a, um: siebte(r)
4 **Avē!:** sei gegrüßt!
5 **moritūrī:** die, die sterben werden; die Todgeweihten
6 **tē:** dich
7 **garrīs:** du plapperst
8 **rēte** *n.*: Netz
9 **trepidāre:** zittern
10 **arbiter:** Schiedsrichter
11 **manū:** mit der Hand

1 Lest den Informationstext und tragt euer Wissen über Gladiatoren zusammen.

2 Am Anfang und am Ende schauen alle auf den Kaiser. Warum?

3 | 1 Beschreibe die Gefühle von Marcus und Gaia und belege sie am Text.
 2 Erzähle den Verlauf des Kampfes aus der Sicht von Marcus oder Gaia.

Gladiatoren

Nein, ein Ruhmesblatt römischer Kultur waren sie nicht, die blutigen Kämpfe der Gladiatoren. Seit 264 v. Chr. sind sie für Rom nachgewiesen. Damals ließ man bei einem Leichenbegängnis Sklaven mit Kurzschwertern (gladii – daher gladiator) gegeneinander antreten. Schnell erkannte man den hohen Unterhaltungswert solcher Kämpfe. Vor allem bei Wahlen wurden sie zum beliebten, wenn auch kostspieligen Mittel des Stimmenfangs. Kaiser Augustus beschränkte die Zahl der Veranstaltungen auf drei Termine im Jahr; bei der Säkularfeier machte er eine Ausnahme.

*Wagenrennen

Im weiteren Verlauf der Säkularfeierlichkeiten besuchen die Selicii auch ein Wagenrennen. Dieser »Sport« gehört zu den beliebtesten Freizeitvergnügungen in Rom. Sextus und seine Kinder sind Anhänger des Wagenlenkers Polynices und seiner Pferde, der »Grünen«.

Hodiē multī hominēs in Circum Maximum[1] veniunt: Syrum et Polynīcem et equōs[2] bonōs vidēre cupiunt. Syrus et Polynīcēs aurīgae[3] magnī sunt.

Iam equī[2] in campō stant, imperātor sīgnum dat; tum equī[2] currere incipiunt. Populus equōs[2] et virōs multīs verbīs incitat: »Petite adversāriōs,
5 Syre et caeruleī[4]!« – »Viridēs[5], currite!«

Etiam Sextus Selicius cum līberīs adest et spectat. Magnā vōce cum turbā clāmat: »Polynīcēs et viridēs[5], currite, venīte! Equōs[2] flagellō[6] verberā, Polynīcēs!« Tandem Polynīcēs audit, equōs[2] vī verberat, equī[2] pārent.

Subitō autem equī[2] Polynīcis[7] nōn iam pārent, resistunt. Polynīcēs in
10 campum cadit[8], iacet. Populus »Iō[9], iō, Syre et caeruleī[4]!« clāmat. Sed Sextus Selicius nōn gaudet.

1 **Circus Maximus:** Circus Maximus
2 **equus:** Pferd
3 **aurīga** *m.:* Wagenlenker
4 **caeruleī:** die »Blauen«
5 **viridēs:** die »Grünen«
6 **flagellum:** Peitsche
7 **Polynīcis:** des Polynices
8 **cadere:** fallen
9 **iō:** hurra

1 Vergleiche das Verhalten der Anhänger des Pferderennens in der Antike mit dem heutiger (Fußball-, Formel-1-) Fans.

5 Die Säkularfeier

1 Auf dem Marsfeld
Übersetze und beschreibe dann die neuen Erscheinungen.

a) Magna turba in Campo Martio adest.
b) Silentio sacerdotem exspectat, tum magna voce clamat: Sacerdos venit.
c) Sacerdos cum servis hostiam apportat.
d) Sacerdos hostia deos placare cupit.
e) Sed hostia non paret et e campo currit.

2 Wo oder wohin?
Übersetze und achte dabei besonders auf die Ortsangabe: Wie fragst du danach?

a) Paulla et Marcus iam in campo sunt.
b) Etiam caper in campum venit.
c) Paulla timet et clamat: »Caper in campo est, certe sacerdotes eum[1] in ara immolant!«
d) Sed caper iam in turbam currit.

[1] **eum:** ihn

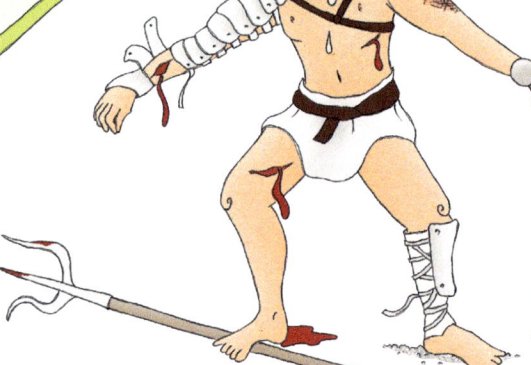

3 | 1 Stelle alle lateinischen Wörter zusammen, die du brauchst, um das Bild zu beschreiben.
2 Bilde kurze lateinische Sätze und lass deinen Nachbarn übersetzen.

4 Kleine Wörter – große Wirkung!
Gib die Bedeutung an.

vere – tum – ab – et – statim – autem – certe – cum – ex – cur – ita – iam – ibi – nunc – semper – in – quoque – sed – ubi – ad – quia

5 | 1 Für Sprachforscher: Ermittle die lateinische Wurzel folgender Lehnwörter.
2 Erkläre die Begriffe.

resistent – Salut – Gladiole – signalisieren – Gaudi – vital

6 Ein Verb – viele Bedeutungen
Wähle die jeweils am besten passende Übersetzung für »petere«.

Campum Martium petere – pacem petere – adversarium gladio petere – dona petere – avum petere

7 »Verwandte« Wörter: Führe auf ein bekanntes Wort zurück und erschließe die Bedeutung. Achte auf die Wortart.

gaudium → gaudere → Freude
clamor – adversus, a, um – cupidus, a, um – armare – timor – servire – vocare

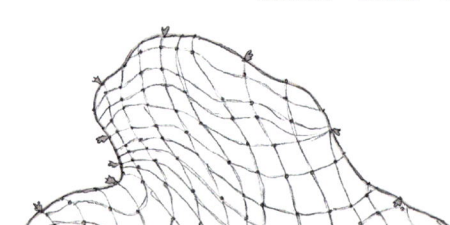

Substantive: Abl. Sg. und Pl.

Die Säkularfeier 5

8 Deklinieren mit System.
Übertrage die Tabelle in dein Heft und ergänze die fehlenden Begriffe und Formen.

Dekl.	Nom.		Akk.		Abl.	
	Sg.	Pl.	Sg.	Pl.	Sg.	Pl.
	ara					
	servus					
	puer					
	donum					
	carmen					
	vox					

9 Adjektiv und Substantiv. Zu jedem Substantiv gibt es ein passendes Adjektiv. Finde die Paare, indem du KNG bestimmst.

a)

viri – campo
– frumentum
– puellis –
ancillas – dolos –
sacerdotibus

pulchris – bonum
– Martio – miseri
– bonis – malos –
probas

b)

vi – dona
– populus –
filia – viribus
– imperatore –
corpore

pulchro – totus
– laeta – bono –
magnis – magna
– pulchra

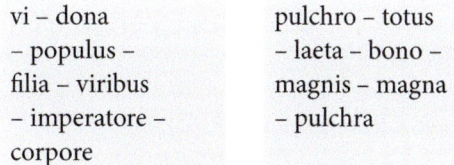

10 Welche Form passt? Wähle aus und übersetze.

Gaia cum (avum, avi, avo) in (circum, circus, circo)[1] stat. Aurigae[2] cum (equis, equos, equus)[3] veniunt. Turba (magna, magno, magnis) voce clamat. Subito unus[4] ex (aurigae, aurigas, aurigis)[2] in (*arenam, arenas, arena*) iacet. Gaia cum (viros, viri, viris) clamat, sed auriga[2] e (circum, circo, circas)[1] currit.

1 circus: Rennbahn – **2 auriga** *m.*: Wagenlenker – **3 equus:** Pferd – **4 unus:** einer

11 | 1 Der Ablativ – ein Fall für alle Fälle: Übersetze die Ausdrücke.

2 Bestimme die Funktion des Ablativs.

3 Formuliere die ganze Geschichte auf Deutsch oder Latein.

cum liberis spectare – magna voce salutare – gladio petere – magna vi pugnare – verbis incitare – dolo pugnare – in *arena* iacere

12 | 1 Grenze die Satzbausteine ab und bestimme sie.

2 Übersetze.

a) Multi homines in circo[1] adsunt.
b) Viri cum filiis imperatorem exspectant.
c) Multi aurigae[2] cum equis[3] in *arenam* veniunt.
d) Imperator non adest.
e) Augustus cibo bono gaudet.

1 circus: Rennbahn – **2 auriga** *m.*: Wagenlenker – **3 equus:** Pferd

6 Die Säkularfeier

Ein krönender Abschluss

Zum Abschluss der Säkularfeier findet auf dem Kapitol (Capitolium) noch einmal eine große Opferfeierlichkeit statt. Ein Kinderchor singt das eigens für diesen Anlass verfasste carmen saeculare *des berühmten Dichters Horaz. Die Selicii sind als große Anhänger des Augustus wieder dabei und treffen auf dem Kapitol ihre Nachbarn, Publius Vinnius Asellinus und dessen Frau Cornelia.*

Pūblius: »Salvēte, Seliciī! Cūr hīc estis?«

Sextus: »Salvē, Pūblī! Gaudēmus, quod tē vidēmus! Nōs iterum Augustum imperātōrem audīre et sacrificium spectāre cupimus. Et tū?«

Pūblius: »Egō imprīmīs chorum[1] et carmen Horātiī poētae[2] audīre cupiō.
5 Nōnne vidētis? Ibī ad āram nōn sōlum Augustus, sed etiam Horātius adest. Laetus sum, quia poētam tam clārum spectō. Sed ubi est uxor? Cornēlia, ubi es? Venī! Seliciī tē exspectant!«

Cornēlia: »Salvēte! Vōsne lūdī dēlectant, Selicī et Aurēlia? Egō dē sacrificiīs nōn gaudeō, sed marītus … – Et tū, Paulla? Num tē sacrificium dēlectat?«

10 Paulla: »Etiamsī nōn exspectās: Mē dēlectat, quia sacerdōtēs nūllōs caprōs immolant!«

Gāia: »Sed fortasse hodiē …«

Sextus: »Tacēte nunc, puellae! Puerī iam cantāre incipiunt!«

Chorus: »Phoebe silvārumque potēns Diāna[3] …«

1 chorus: Chor
2 Horātiī poētae: des Dichters Horaz *(Gen.)*
3 Phoebe silvārumque potēns Diāna: Phoebus Apollo und du, Diana, Herrin der Wälder

1 Arbeite heraus, aus welchen Gründen die beiden Familien zur Feier kommen. Nenne auch die entsprechenden lateinischen Wörter.
2 Paullas Antwort ist für Cornelia sicherlich überraschend. Warum?
3 Ergänze zusammen mit deinem Banknachbarn den Dialog zwischen Paulla und Gaia, den ihr Vater so abrupt beendet.

Horaz

Klein und dick sei er, einem Schweinchen gleich, so beschreibt er sich selbst, der große Dichter Quintus Horatius Flaccus. Geboren wurde er 65 v. Chr. in Venusia (Apulien) als Sohn eines freigelassenen Sklaven. Horaz besaß viel Humor, verfügte aber trotz seiner Herkunft auch über ein gesundes Selbstbewusstsein. Zu Recht! Schließlich hatte er die lateinische Sprache gegenüber der griechischen im Bereich der Dichtkunst endgültig »salonfähig« gemacht. Er war einer der engsten Vertrauten des Kaisers Augustus. Dabei konnte sein Lebensweg dramatischer kaum sein, doch dazu später. Hochgeachtet starb er 8 v. Chr. in Rom.

*Erziehungsfragen

Marcus beginnt sich auf dem Fest zu langweilen und möchte sich anderweitig vergnügen.

Mārcus: »Lūdus mē nōn iam dēlectat. Cūr adhūc[1] in Capitōliō sumus et cum multīs hominibus sacrificia spectāmus? Egō cibum emere cupiō! Nōnne licet, pater?«

Sextus: »Licet! Nōs hīc in campō tē exspectāmus.«

5 Mārcus: »Venīsne tū quoque, Gāia?«

Gāia: »Veniō. Fortasse hodiē quoque puer pulcher adest et mē exspectat!«

Mārcus: »Certē nōn sōlum puer pulcher, sed etiam clārus et magnus et …«

Avus: »Cūr līberī nunc cibum emunt? Sacerdōtēs hostiās immolant et deōs
10 plācant. Imperātor pācem et fortūnam bonam petit ā dīs. Et tū? Fīlius et filia per campum currunt et cibum apportant. – Tū autem et Aurēlia, vōs nūllīs verbīs resistitis! Egō sī essem[2] pater …«

1 adhūc: immer noch
2 sī essem: wenn ich wäre

1 Der Großvater stellt seinen Enkel nach dessen Rückkehr zur Rede. Gestaltet einen Dialog zwischen Marcus und seinem Großvater.

6 Die Säkularfeier

1 Beim Wagenrennen
Polynices und Syrus unterhalten sich mit dem Stallpersonal. Übersetze und beschreibe dann die neuen Erscheinungen.

Pol.: »Ego auriga[1] probus sum. Sed tu, Syre, malus es, quia equos[2] verberas.«
Syr.: »Tu times, sed ego equos[2] incito et celeriter[3] per campum curro.«
Servi: »Nos autem spectamus et gaudemus.«
Pol.: »Vos servi estis et parere debetis. Sed nos aurigae[1] magni sumus.«

1 auriga *m.:* Wagenlenker – **2 equus:** Pferd – **3 celeriter:** schnell

2 Wieso? Weshalb? Warum?
Nachbarn treffen sich auf dem Marsfeld. Übersetze und beschreibe dann die neuen Erscheinungen.

Quintus: »Cur hic estis? Vosne Augustum exspectatis? Et ubi est uxor[1]?«
Lucius: »Exspectamus. Fabia cum servis cibum emit. Sed turba non placet. Nonne imperator adest?«
Titus: »Adest. Nonne videtis? Num caeci[2] estis? Ad aram stat et hostias immolat. Cur non venitis?«

1 uxor: Frau – **2 caecus,** a, um: blind

3 Eselsbrücken
Lies dir den Text »Ein krönender Abschluss« durch und notiere alle Vokabeln, die du nicht kennst. Ermittle die Grundform und frage deinen Partner nach der Bedeutung oder schlage nach. Überlegt euch gemeinsam Eselsbrücken für diese Wörter.

4 »Tabu!« – Heute mal mit Vokabeln
Bildet Zweierteams. Immer abwechselnd erklärt einer von euch seinem Partner einen Begriff, ohne diesen zu nennen. Für jeden erratenen Begriff gibt es einen Punkt. Welches Team gewinnt?

5 In Rom ist was los!
Stelle Wörter zusammen, die zu einem dieser Sachfelder passen: Opferfeier / Gladiatorenspiel / Eltern und Kinder

6 Rap – Vokabeln mit Pepp!
Bringe mindestens fünf neue und fünf bereits bekannte Vokabeln in einem Rap unter. Trage diesen der Klasse vor.

7 Wer macht was?
Vervollständige die Sätze und lass deinen Partner übersetzen.

Maritus …
Imperator …
Poeta …
Ludi …
Avus …
Populus …
Uxores …

Die Säkularfeier 6

8 Ich – du – er, sie, es: Ordne die Verbformen nach Personalendungen und übersetze sie.

a) estis – gaudemus – salutamus – cupio – videtis – adest – sum – dant – habitas
b) specto – es – exspectant – delectatis – gaudet – pugnas – immolamus – amittunt
c) incipiunt – sumus – licet – venis – emunt – resistitis – erras – moveo – intramus

9 | 1 Konjugiere die Verben im Präsens.

clamo – taceo – cupio – curro – venio – sum

2 Suche für jede Konjugation ein weiteres Verb aus und lass deinen Partner konjugieren – und umgekehrt.

3 Und jetzt: Konjugiere rückwärts!

10 Pronomina – In den Texten zu dieser Lektion findest du viele Personalpronomina. Ordne sie in deinem Heft in eine Tabelle ein.

	1. Pers. Sg.	2. Pers. Sg.	1. Pers. Pl.	2. Pers. Pl.
Nominativ				
Akkusativ				

11 »Tabu!« – Fachbegriffe sind gefragt
Bildet Zweierteams. Immer abwechselnd erklärt einer von euch seinem Partner einen Begriff, ohne diesen zu nennen. Für jeden erratenen Begriff gibt es einen Punkt. Welches Team gewinnt?

12 Was ist los mit dem Großvater? Ergänze die passende Verbform und übersetze.

a) Liberi: »Ave, ubi _____ (esse)? Nos in campum currere _____ (cupere).«
b) Avus: »Et ego hodie campum _____ (petere). Cibum emere _____ (cupere). Vosne cibum bonum _____ (videre)?«
c) Liberi: »Etiam nos cibo bono _____ (gaudere).«

13 Ergänze passend zum Bild eine adverbiale Bestimmung (wo? womit? von wem? …) und übersetze.

a) Selicii _____ sunt.
b) Avus _____ cibum emere cupit.
c) Vir uxorem _____ trahit.
d) Puer fratrem _____ verberat.
e) Multi homines _____ gaudent.
f) Augustus _____ stat.
g) Augustus pacem petit _____ .

4–6 Die Säkularfeier

1 Jupiter, Kamee von Chartres

2 Juno, Bronzestatuette

3 Apoll, Wandmalerei

Gaias Gedanken

Gaia steht auf dem Kapitol. Verträumt lauscht sie dem wunderbaren Gesang. Je siebenundzwanzig Mädchen und Jungen tragen im Wechsel das eigens von Horaz für die Säkularfeier gedichtete *carmen saeculare* vor.

Gaia stünde so gerne mit auf der Bühne. Sie stellt sich vor, wie sie später einmal ihren Kindern von dem bewegenden Moment erzählen würde, als sie im Schatten der Tempel des Iuppiter Capitolinus und der Iuno Moneta das *carmen saeculare* vortragen durfte. Gaia ist eine große Bewunderin des Horaz, vor allem, weil dieser Dichter nie vergessen hat, was sein Vater, der ehemalige Sklave, für ihn getan hat. Er hinterließ ihm ein Landgut und sorgte für eine ausgezeichnete Ausbildung bei dem – von Horaz scherzhaft als *plagosus* (»schlagfertig«) beschriebenen – Grammatiklehrer Orbilius. Bei dem Gedanken muss Gaia schmunzeln; Lehrer sind schon ein Kapitel für sich.

Horaz

Was für ein bewegtes Leben Horaz hinter sich hat: Nach Caesars Ermordung (44 v.Chr.) kämpfte er in Philippi auf Seiten der Caesarmörder gegen Augustus, der damals noch Octavianus hieß. Trotz seiner Herkunft war er sogar zum Militärtribun aufgestiegen. Dann kam die Niederlage von Philippi und er verlor sein ganzes Erbe. Mit seinen letzten Mitteln kaufte er sich in Rom als *scriba* (Amtsschreiber) ein. Damals begann er zu dichten. Zwei enge Vertraute des Augustus, der mittlerweile verstorbene Dichter Vergil und der reiche Ritter Maecenas, wurden auf ihn aufmerksam. Sie machten ihn mit Augustus bekannt, der ihn in den Kreis seiner engsten Freunde aufnahm.

Eine neue Zeit: Die Säkularfeier

Gaia ist froh, die schreckliche Zeit der Bürgerkriege nicht miterlebt zu haben. Jetzt herrscht Frieden, die *pax Augusta*. Die Säkularfeier ist Ausdruck dieser neuen Zeit. Aber vor allem ist sie ein Fest der Familie. Die Jungen und Mädchen oben auf der Bühne stammen alle aus intakten vornehmen Elternhäusern. So wollte es das Orakel, das vom Priesterkollegium der Fünfzehnmänner vorher befragt worden war.

Drei Tage und Nächte dauerten die offiziellen Feierlichkeiten. Es gab genau vorgeschriebene Tier- und Speiseopfer für die Götter. Spiele und Theateraufführungen wurden veranstaltet. 110 Matronen (verheiratete Mütter) verrichteten Gebete an die Göttinnen der Geburt. Ihre Zahl steht für den Abstand zwischen den einzelnen Säkularfeiern. Das *carmen saeculare* bildet den religiösen Abschluss. Hier auf dem Kapitol wird es zum zweiten Mal gesungen. Vorher wurde es auf dem Palatin zu Ehren Apolls aufgeführt. In den nächsten Tagen wird es noch weitere Spiele und andere Unterhaltungsveranstaltungen geben.

Die Säkularfeier 4–6

Der Ursprung des Festes

Gaia denkt an den Ursprung des Festes. Damals soll ein verzweifelter Vater während einer Pestepidemie seine Hausgötter angefleht haben, ihn statt seiner erkrankten Kinder sterben zu lassen. Eine Stimme riet ihm daraufhin, für die Kinder Wasser aus dem Tiber zu schöpfen. Dieses Wasser sollte auf dem Altar der Unterweltsgötter Pluto und Proserpina in Tarentum (das spätere Marsfeld) erwärmt und den Kindern verabreicht werden. Obwohl es eine beschwerliche Fahrt war, fuhr der Vater mit den Kindern den Tiber hoch bis zu einer Stelle, an der Rauch aufstieg. Dort füllte er einen Becher mit Wasser und erwärmte ihn auf dem Rauch. Nachdem die Kinder davon getrunken hatten, fielen sie in einen heilsamen Schlaf. Sie träumten, dass an dieser Stelle auf dem Altar Proserpinas und Plutos schwarze Opfertiere geschlachtet, Speiseopfer gebracht und Spiele veranstaltet werden sollten. Da aber kein Altar vorhanden war, ließ der Vater eine Grube für den Bau eines neuen Altars ausschachten. Dabei stießen die Arbeiter auf einen verschütteten Altar, auf dem die Namen Proserpina und Pluto eingraviert waren. Drei Tage – entsprechend der Zahl seiner Kinder – betete der Vater an dieser Stelle und erfüllte die Weisungen des Traums. Seit dieser Zeit wird alle 110 Jahre das Säkularfest auf dem Marsfeld gefeiert.

4 Opfermesser

1 Informiere dich über das Kapitol und den Palatin und suche die beiden Orte auf der Karte im Einband.

2 Iuppiter Capitolinus – Iuno Moneta – Apoll: Beschreibe die zugehörigen Bilder und benenne, an welchen Attributen du die Götter erkennen kannst.

3 Beschreibe die unten stehende Abbildung eines Stieropfers.

5 Trankopfer, rotfigurige Vase

7 Relief auf der Vorderseite des Altars, Tempel des Vespasian

6 Tempel des Vespasian, Altar

Religion, Götter, Opfer | 43

4–6 Die Säkularfeier

Wir erarbeiten eine Übersetzung

Es gibt verschiedene Methoden, um einen lateinischen Satz zu verstehen und richtig zu übersetzen.

Die Konstruktionsmethode

Jeder lateinische Satz besteht aus einzelnen Bausteinen, die man – ähnlich wie Legosteine – in der richtigen Reihenfolge zusammensetzen muss. Dabei hilft es mit Farben zu arbeiten, wie in folgendem Beispielsatz aus Lektion 5:

Adversarii imperatorem magna voce salutant.

Beginne deine Konstruktion grundsätzlich immer mit dem Prädikat, da es die wichtigste Information zum Satzinhalt gibt. Du unterstreichst es daher rot.

Anschließend suchst du das Subjekt des Satzes (es steht im Nominativ) und unterstreichst es blau. Vorsicht: Nicht immer findest du ein ausgewiesenes Subjekt – es kann auch im Verb enthalten sein.
Nun übersetzt du: Die Gegner grüßen.

An diesen Satzkern baust du nun die weiteren Bausteine an. Damit dieser Satz vollständig ist, fehlt noch etwas: Wen begrüßen die Gegner? Du brauchst also ein Akkusativobjekt: *imperatorem*. Das Akkusativobjekt unterstreichst du grün. Du baust es in die Übersetzung ein: Die Gegner grüßen den Kaiser.

Jetzt ist nur noch der Ausdruck *magna voce* übrig, die adverbiale Bestimmung. Sie gibt die Umstände an, wie etwas geschieht. Du unterstreichst sie gelb. Wir ergänzen den letzten Baustein:
Die Gegner grüßen den Kaiser mit lauter Stimme.

Die Pendelmethode

Einen Satz kann man auch pendeln. Nein, nicht als Orakel! Die Pendelmethode hilft dir, in drei Schritten einen lateinischen Satz zu übersetzen. Sie heißt deshalb auch Drei-Schritt-Methode.

Im 1. Schritt übersetzt du grundsätzlich das erste Satzglied, in diesem Fall *adversarii*, im 2. Schritt »pendelst« du zum Prädikat, hier *salutant*. Im deutschen Hauptsatz steht das Prädikat nämlich immer an zweiter Stelle, sodass du für deine Übersetzung schon die »richtige« Satzreihenfolge hast: Die Gegner (1) grüßen (2) …

Von da aus geht es im 3. Schritt zu Akkusativobjekt und Adverbiale, du übersetzt also den restlichen Satz: … den Kaiser mit lauter Stimme (3)

Im Lateinischen sieht das dann so aus:
Adversarii imperatorem magna voce salutant.

1 Probiere beide Methoden nun einmal selbst aus:

Imperator pacem et fortunam bonam petit a dis.

Das Rondogramm

Du hast bei der Übersetzung sicher schon gemerkt, dass die gelernte Bedeutung aus dem Lernwortschatz nicht immer am besten passt. Vielmehr musst du überlegen, was genau das Wort in einem bestimmten Zusammenhang meint.

Wörter haben nicht einfach eine oder mehrere Bedeutungen, sondern eher eine Bedeutungswolke – also einen Bedeutungskern mit einem weit dehnbaren Umfeld. Diese Vielfalt lässt sich erst in einem konkreten Zusammenhang einengen.

In einem solchen Fall ist es hilfreich, sich vor allem den Kern des Wortes, das Konzept, zu merken: Wenn du diesen Kern begriffen hast, kannst du selbst erschließen, was das Wort in einem bestimmten Zusammenhang heißen muss.

Hier ein Beispiel: Das Verb *petere* hat etliche scheinbar sehr verschiedene Bedeutungen. Als Kernbedeutung hilft dir das Wort »anpeilen«. Das ist natürlich keine brauchbare Endübersetzung, hilft dir aber, im jeweiligen Zusammenhang die passende deutsche Bedeutung zu finden. Du kannst dir darunter einen Pfeil auf ein Ziel hin vorstellen:

2 Versuche nun, in folgender Geschichte die passende Bedeutung von *petere* zu erschließen:

Die Stimmung in Rom ist schlecht, die Menschen haben große Angst.
Darum macht der Priester Folgendes: *Templum petit.*
Dort will er den Göttern ein Opfer bringen: *Aram petit.*
Dann betet er zu den Göttern: *Auxilium (Hilfe) petit.*
Denn es stehen Feinde vor den Toren der Stadt Rom: *Romam petunt.*

3 Denke dir selbst eine kleine Geschichte aus und erfinde weitere Zusammenhänge, in denen das Wort *petere* »anpeilen« verwendet werden könnte. (Für die Übersetzung musst du vielleicht noch weitere deutsche Wendungen finden, deshalb stehen im Rondogramm die roten X und Y mit »etc.«)

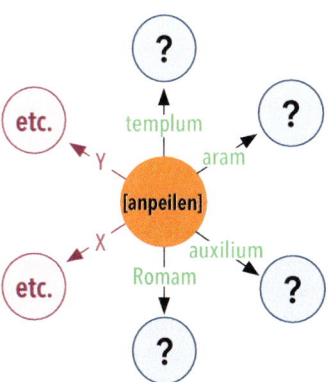

Das hast du schon gelernt:

Mit der Konstruktions- und der Pendelmethode kannst du die Struktur eines lateinischen Satzes erkennen und für deine Übersetzung nutzen; das Rondogramm hilft dir beim Lernen von schwierigen Wörtern.

4–6 Die Säkularfeier

1 | 1 Mutter Latein und ihre Töchter – Französisch: Nenne die lateinischen Ursprungswörter und ihre deutsche Bedeutung.

2 Lass dir die Begriffe von jemandem vorlesen, der Französisch lernt. Formuliere eine Ausspracheregel.

apporter – implorer – résister – tolérer – délecter – habiter – immoler – inciter – entrer – chanter – saluer

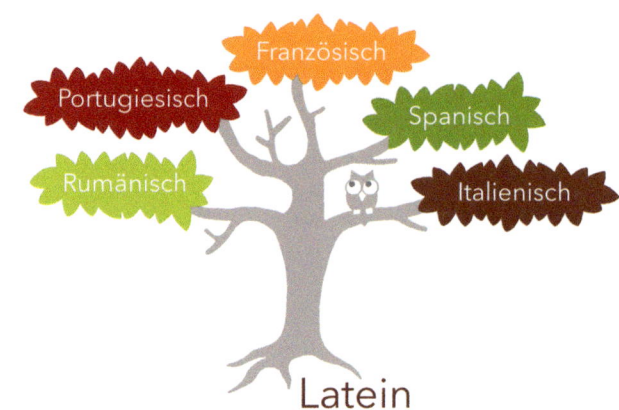

2 Übertrage die Tabelle in dein Heft und ergänze die Formen der folgenden Wörter.

Nom. Sg.	Nom. Pl.	Akk. Sg.	Akk. Pl.
puella	puellae	puellam	puellas

a) homo – b) carmen – c) soror – d) imperator magnus – e) sacerdos laeta

3 Ordne jedem Substantiv ein inhaltlich und grammatisch passendes Adjektiv zu.

a) homo   A) nulla
b) carmina   B) malus
c) sacerdotem   C) miseras
d) pacem   D) laeta
e) fratres   E) iniquam
f) vis   F) clarum
g) verbum   G) probi
h) voces   H) bonum

4 Übersetze die Präpositionalausdrücke und zeichne jeweils eine kleine Skizze dazu.

in campum – per turbam – ad imperatorem – ex *arena* – in campo – cum fratre

5 Übertrage die Tabelle in dein Heft und ergänze die Formen der folgenden Wörter.

Nom. Sg.	Nom. Pl.	Abl. Sg.	Abl. Pl.
puella	puellae	puella	puellis

a) signum – b) gladius – c) corpus – d) vox – e) frater – f) adversarius miser – g) uxor proba

6 Welche Form passt nicht? Begründe deine Auswahl.

a) tu – nos – me – vos
b) de – ex – per – cum
c) arma – corpora – hostia – signa
d) populis – gladiis – corporibus – vis
e) homo – silentio – domino – marito

Die Säkularfeier 4–6

7 Und nun Verben: Welche Form passt nicht? Begründe deine Auswahl.

a) timere – parere – cupere – placere
b) incipere – dicere – trahere – gaudere
c) habito – curro – canto – tolero
d) vendo – peto – erro – amitto

8 Konjugiere folgende Verben im Indikativ Präsens Aktiv.

a) esse – b) habitare – c) delectare – d) timere – e) invenire – f) resistere – g) accipere

9 Übersetze und gib an, wie jeweils nach dem Ablativ gefragt wird.

a) Liberi patrem *magna voce* salutant.
b) Filia *donis pulchris* gaudet.
c) Gladiatores *armis* pugnare debent.
d) Gaia *toto corpore* trepidare¹ incipit.

1 **trepidare:** zittern

10 Ergänze die passenden Fragewörter (cur, nonne, num, ubi, -ne) und übersetze.

a) Sextus: »Cupitis _____ pugnas videre, liberi?
b) Sed _____ est filia?
c) _____ non venit?
d) _____ ludos spectare cupit?
e) _____ puerum pulchrum exspectat?«

11 | 1 Leben in der Antike: Fasse zusammen, was du über den Dichter Horaz weißt.

2 Stelle alle Veranstaltungen zusammen, von denen du im Zusammenhang mit den »ludi saeculares« gehört hast.

3 Gib an, welche dieser Veranstaltungen du gerne besuchen würdest und welche nicht, und begründe deine Entscheidung.

4 Beschreibe das Bild: Benenne aufgrund deiner Kenntnis des Lektionstextes 5 die Personen und die abgebildeten Gegenstände.

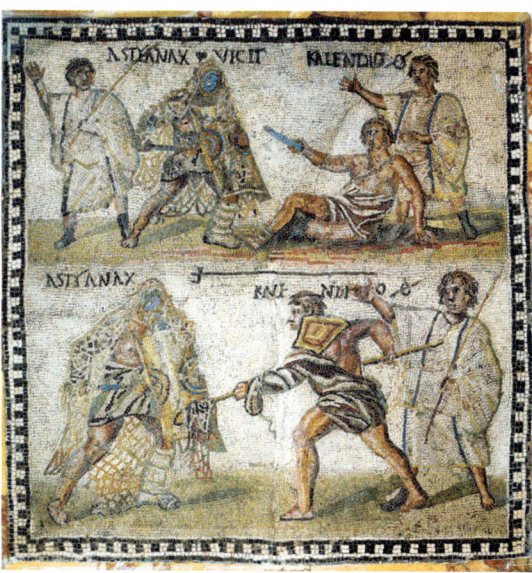

römisches Mosaik

7 Stadt und Land

In der Subura

Gallus soll die Kleidung, die seine Herrin bei einem Schneider bestellt hat, abholen. Marcus begleitet ihn. Der Schneider wohnt in der Subura, einem berüchtigten Stadtviertel Roms, wo es noch lauter, heißer und stickiger ist als im Rest der Stadt. Auf dem Weg werden die beiden aufgehalten …

Subitō turbam hominum vident. Clāmōrem virōrum et mulierum audiunt: »Flammae! Flammae! Taberna mercātōris ārdet!« Vigilēs[1] iam adsunt. Iterum atque iterum hamīs[2] aquam apportant et in flammās fundunt. Auxilium vigilum[1] magnum est, sed vīs flammārum vincit: Incendium tōtam tabernam dēlet.

Mercātor clāmat: »Mē miserum[3]! Mercēs meae, lucrum meum, taberna mea! Lucrum quīnque annōrum[4] ārdet!« Uxor mercātōris magnā vōce deōs implōrat: »Vidēte miseriam nostram. Flammae bona nostra dēlent. Date fortūnam bonam!« Līberī flent.

Miseria familiae Mārcum movet. Fīlium mercātōris vocat: »Dēsine flēre. Salūs vestra māiōris mōmentī est quam[5] taberna et mercēs vestrae. Gaudē salūte tuā, gaudē salūte patris et mātris et sorōrum!«

Puer autem flet: »Miseria nostra tam magna est.« Subitō Mārcus: »Fīlius Sextī Seliciī sum. Pater meus vir probus est. Certē familiam tuam iuvāre potest[6]. Venīte et auxilium petite ā patre meō!« Tandem puer flēre dēsinit et ad patrem suum currit. Mercātor verba puerī accipit et auxiliō gaudet.

1 vigilēs: *hier:* Feuerwehrleute
2 hama, ae: Eimer
3 Mē miserum!: Ich Elender!
4 quīnque annōrum: von fünf Jahren
5 māiōris mōmentī quam: wichtiger als
6 potest: er kann

1. Beschreibe das Bild und äußere erste Vermutungen über den Inhalt des Textes.
2. Erstelle eine Liste mit allen im Text genannten Personen und Personengruppen. Gib auch den Nominativ an.
3. Versetze dich in Marcus oder Gallus und erzähle von den Eindrücken in der Subura.
4. Überlege, wie Sextus Selicius dem Kaufmann helfen könnte. Inwiefern nützt es ihm auch selbst, wenn er dem Kaufmann hilft?

Feuerwehr

Ein Dauerbrenner – im wahrsten Sinne des Wortes! Irgendwo brannte es in Rom nämlich immer. Die Gründe waren vielfältig: Schlechte Bausubstanz, trockenes Wetter, leichtfertiger Umgang mit Feuer. Es bedurfte nur eines Funkenflugs und schon stand wieder ein Dachstuhl in Flammen. Während des Sommers war das Kochen in Mietwohnungen strengstens verboten. Mutwillige Brandstiftung wurde hart bestraft.

23 v. Chr. gab es einen verheerenden Brand in Rom. Augustus gründete daraufhin die erste staatliche Feuerwehr. Sie verfügte über ausgebildete Fachkräfte und war mit entsprechendem Löschmaterial ausgestattet, darunter auch Feuerspritzen *(siphones)*, die den gezielten Einsatz größerer Wassermengen erlaubten. Eine solche Feuerspritze hat man ausgegraben und auch nachgebaut.

*Nur ein Traum?

In der Nacht nach den aufregenden Ereignissen um den Brand liegt Marcus noch lange wach, ehe er einschlafen kann. Schließlich fallen ihm doch die Augen zu …

Ad tabernam stō et mātrem et patrem exspectō. Tum carrum mercātōris spectō. Iuxtā¹ tabernam est. Videō nōn sōlum multās herbās siccās², sed etiam frūmentum et … flammās? Ecce parvum³ incendium! Subitō ventī⁴ incendium incitant – iam tōta taberna ārdet!

5 Etiamsī adesse dēbeō, resistō. Timeō et trepidō⁵. Sed quid⁶ est? Nōnne vōcem mercātōris audiō? Iterum atque iterum auxilium petit. Nunc tandem aquam apportō, in tabernam currō, aquam in flammās fundō. Hīc corpora iacent – tōta familia mercātōris! Corpus ancillae ē tabernā trahō. Quod magnā vōce clāmō et sīgna dō, turba hominum
10 ad tabernam venit …

Posteā⁷ clāmōrem populī audiō: »Mārcus est salūs mercātōris et familiae! Mārcus vērē probus est! Salūtāmus tē, Mārce.«

1 **iuxtā** + *Akk.*: neben
2 **siccus, a, um**: trocken
3 **parvus, a, um**: klein
4 **ventus, ī**: Wind
5 **trepidāre**: zittern
6 **quid?**: was?
7 **posteā**: später

1 Was ist wohl vor dem Schlusssatz noch geschehen?

7 Stadt und Land

1 Feier auf dem Kapitol
Übersetze und beschreibe dann die neuen Erscheinungen.

Gaia: »Video et audio
– magnam turbam hominum,
– carmen liberorum et Horatii poetae,
– vocem sacerdotis,
– sacrificium hostiarum,
– signa deorum,
– uxorem imperatoris Augusti …
– … etiam puerum pulchrum!«

2 Marcus streitet sich mit dem Sohn des Nachbarn, welche Familie besser ist. Übersetze und beschreibe dann die neuen Erscheinungen.

Marcus: »Familia nostra magna est. Tu es filius servi, sed pater meus Sextus Selicius est. Nomen[1] matris meae est Aurelia ab Aurelio avo meo. Quod est nomen avi tui?
Ibi sorores meas vides. Per campos nostros currunt. Etiam servi nostri in campis sunt. Ubi sunt servi vestri? Certe probi non sunt!«
1 nomen, nominis n.: Name

3 Ein Wort – viele Sinnrichtungen
Wähle die jeweils passende Übersetzung.

a) aquam fundere – adversarios fundere – turbam hominum fundere – vinum[1] in aram fundere
b) Gallus caprum movet. – Caper se[2] movet. – Miseria Marcum movet.

1 vinum, i: Wein – **2 se:** sich

4 Für Sprachforscher
Was bedeuten wohl folgende Wörter? Nenne das lateinische Ursprungswort.

Englisch: to delete – tavern
Spanisch: mujer – año – bueno
Italienisch: moglie – anno – bene
Französisch: incendie – an – bon

5 Eselsbrücken
Lies dir den Text »In der Subura« durch und notiere alle Vokabeln, die du nicht kennst.
Ermittle die Grundform und frage deinen Partner nach der Bedeutung oder schlage nach. Überlegt euch gemeinsam Eselsbrücken für diese Wörter.

6 Gegensätze
Finde das passende Gegenstück. Übersetze dann die Wortpaare.

uxor – maritus
vir –   silentium –
gaudere –   movere –
meus –   bonus –
emere –   salus –

7 | 1 Brand in Rom! Stelle alle lateinischen Wörter zusammen, die du brauchst, um dieses Bild zu beschreiben. Gliedere die Wörter nach Sachfeldern (Besitz, Feuer, Gefühle …).

2 Bilde kurze lateinische Sätze und lass deinen Nachbarn übersetzen.

Stadt und Land 7

8 Deklinieren mit System
Übertrage die Tabelle in dein Heft und ergänze die fehlenden Begriffe und Formen.

Dekl.	Nominativ		Genitiv	
	Sg.	Pl.	Sg.	Pl.
	flamma			
		pueri		
			doni	
	mulier			
				carminum

9 | 1 Gleiche Endung! Welche Form ist kein Genitiv?

a) sacerdotis – pueris – matris – hominis
b) puellarum – lucrum – poetarum
c) magnum – mercatorum – hominum
d) mariti – veni – mei – populi

2 Welche Form ist kein Ablativ?

a) domino – dico – meo – campo
b) trahe – uxore – fratre – carmine
c) servis – puellis – invenis – pulchris
d) sororibus – viribus – cibus – vocibus

10 Genitiv oder nicht?
Bestimme die unterstrichenen Formen und übersetze den Ausdruck.

taberna mercatoris – mercatores relinquere – multae familiae adsunt – miseria familiae – vis flammarum – flammas vi vincere – clamorem viri audire

11 Wessen Sachen sind das?
Ergänze die Endung (in manchen Fällen gibt es mehrere Möglichkeiten). Übersetze.

arma *gladiator* – gladius adversari – ara de – negotium mercator – carrus serv – cibus besti

12 Glück im Unglück?! Ergänze die passende Form des Pronomens.

Mercator: »Taberna (meus) ardet. Incendium merces (meus), lucrum (meus), bona (noster) delet. Ubi est auxilium (vester)? Nonne miseria (noster) vos movet?«
Selicius: »Sed vide familiam (tuus)! Gaude salute uxoris (tuus) et liberorum (tuus). Auxilio (meus) vos iuvare cupio. Fortuna (vester) magna est, quod tota familia (vester) vivit[1].«
1 **vivere:** leben

13 | 1 Grenze die Satzbausteine ab und bestimme sie.
2 Übersetze.

a) Filiae aulam[1] patris petunt.
b) Clamor liberorum patrem non delectat.
c) Aurelia turbam filiarum in aula[1] videt.
d) Mercator merces pulchras in aulam[1] apportat.
e) Merces mercatoris Aureliam delectant.
1 **aula,** ae: Hof

14 In der Subura: Ergänze die Endungen und übersetze.

Turba homin magn est. Tabern mercator ardet. Iam multi homin aqu apport . Sed vis flamm totam tabern del .
Marcus filium mercator voc : »Pater me vos iuvare cup . Vir prob est.«
Puer cum patr su auxilium Selici accipit.

8 Stadt und Land

Ein feines Kräutchen

In der Stadt wird es langsam unerträglich: Die Sonne brennt, die Hitze steht in den Straßen. Ein Glück, dass Gaia, Marcus und Paulla einen Großvater auf dem Land haben, der sich immer über einen Besuch freut! Aurelius Fortunatus ist ein tüchtiger Mann, der Felder, einige Tiere und einen schönen Garten besitzt. Ein Pflänzchen aus seinem Garten liegt ihm besonders am Herzen …

Avus: »Vidēte petroselīnum[1] meum! Petroselīnum maximē mihī placet, quia herba bona et dēlicāta[2] est!«

Līberīs magis placet bēstiās cūrāre: »Licetne nōbīs frūmentum equō praebēre?«, Gāia et Paulla rogant. »Certē vōbīs licet«, avus puellīs
5 respondet. »Mēcum venīte! Et tū, Mārce, pecoribus herbās dā!« Gāia »Asinus« inquit »aquam nōn iam habet.« Avus respondet: »Asinō aquam apportāre dēbeō. Līberī, hīc exspectāte!«

Sed Paulla exspectāre nōn potest. Itaque frātrem incitat: »Cape mē, cape mē, capere mē nōn potes!« Statim currere incipit. »Tibī dīcō: Certē tē
10 capere possum!« Mārcus Paullam comprehendere cupit.

Gāiae autem lūdus nōn placet: »Venīte! Avus auxilium petit ā nōbīs.« Sed Paulla et Mārcus sorōrī nōn pārent.

Während Gaia versucht, ihre Geschwister wieder einzufangen, achtet keiner mehr auf den Esel. Bald kommt Aurelius mit frischem Wasser zurück, doch der Esel ist verschwunden.

Avus līberōs reprehendit: »Cūr mihī pārēre nōn potestis? Nunc asinum quaerere dēbēmus!« Sed asinum invenīre nōn possunt: Neque in stabulō[3]
15 neque in campīs est. Dēnique ad hortum properant et – līberī tacent, avus autem clāmat: »Vae[4] mihī! Petroselīnum meum!!!«

1 **petroselīnum, ī:** Petersilie
2 **dēlicātus, a, um:** lecker, delikat
3 **stabulum, ī:** Stall
4 **Vae!:** Wehe!

---

1 Stelle alle Begriffe aus dem Text zusammen, die zum Sachfeld »Landleben« gehören.
2 Gliedere den Text und gib den Abschnitten Überschriften.
3 Trage möglichst viele Informationen über das antike »Kräutchen« zusammen, das nicht nur der Großvater so gerne mag. Woher stammt es, welche Bezeichnungen dafür gibt es, wie wurde es verwendet?

Kochen

Wer wird nicht schwach beim Duft köstlicher Speisen? Kochen ist eine der größten Kulturleistungen der Menschheit. Es geht um nichts weniger als die Entdeckung, dass Nahrungsmittel durch Kräuter und Gewürze geschmacklich verfeinert werden und dies sogar der Gesundheit förderlich ist. Viele Kräuter und Gewürze besitzen nämlich auch eine heilende Wirkung. Den Römern war das natürlich bekannt. Manche gaben für ein gutes Essen bisweilen ein Vermögen aus. Großvaters Ärger ist nur allzu verständlich. Denn ein Salat ohne raffinierte Salatsauce, fein abgestimmt mit frischen Kräutern wie Petersilie, Salz, Pfeffer, Essig und Öl, wäre langweilig, oder?

*Wo ist Paulla?

Am Nachmittag gehen die Kinder dem Großvater lieber aus dem Weg und vergnügen sich auf den Wiesen am Waldrand.

Paullae pāpiliōnēs[1] maximē placent. Itaque per prāta[2] currit et pāpiliōnēs[1] capit. Subitō Gāia sorōrem vidēre nōn potest. »Mārce« inquit »ubī est Paulla?« Mārcus autem neque audit neque respondet. Pecora et equum spectat.

5 Gāia: »Mēne audīs!? Paulla ab-est! Tē rogō: Ubī est soror? Respondē mihī!«

Mārcus: »Āh, equī mihī placent. Gladium bonum habeō, nūllus adversārius mihī resistere potest, egō semper vinc…«

Gāia: »Sānus«[3] inquit »nōn es! Tuae sorōris salūtem cūrāre dēbēs! Neque
10 equī neque gladiī nōbīs Paullam dant! Properā! Quaere Paullam!«

Mārcus: ›Tū nōn es sāna[3]! Ecce! In asinō sedet[4] et ›bēstiās‹ capit.« Tum Paullam vocat: »Venī! Gāia timet dē tē! Fortasse pāpiliōnēs ferī[5] et malī tē capiunt.«

1 **pāpiliō**, pāpiliōnis *m.*: Schmetterling
2 **prātum**, ī: Wiese
3 **sānus**, a, um: vernünftig; bei Verstand
4 **sedēre**: sitzen
5 **ferus**, a, um: wild

1 Begründe, warum Gaias Angst um Paulla nicht völlig unbegründet ist.
2 Erzähle Marcus' Tagtraum weiter.

Substantive: Dat. Sg. und Pl.; posse

8 Stadt und Land

1 Auf dem Markt
Übersetze und beschreibe dann die neuen Erscheinungen.

Mercator ancillae herbas dat. Domino frumentum vendit.
Sextus filiis dona pulchra emit. Sed uxori merces non placent. Etiam hominibus miseris cibum emere cupit.

2 Keine Tiere!
Übersetze und beschreibe dann die neuen Erscheinungen.

Paulla: »Pater, eme mihi bestiam.« Sextus: »Certe tibi bestiam emere non cupio.« Gaia: »Licetne nobis capram[1] emere?« Sextus: »Silentium a vobis peto. Vobis dona, non bestias emere cupio.«
1 capra: *Femininum* zu caper

3 Verbfix – Nenne zu jedem Bild das entsprechende Verb.

4 Ein Verb – mehrere Sinnrichtungen
Übersetze zum Zusammenhang passend.

Paulla verba avi non comprehendit.
Marcus Paullam comprehendit.
Vigiles[1] virum comprehendunt.
1 vigil, is *m.:* Wache

5 Pantomime
Notiere fünf Verben aus Lektion 8. Spiele sie der Klasse vor, die Mitschüler notieren ihre Lösung. Wer errät alle?

6 Formen über Formen …
Bilde die Grundform und gib die Bedeutung an.

a) puerum – liberorum – fratris – bestiae – signo – uxoribus – voci – puellis – sacrificiis
b) habent – reprehenditis – possunt – praebemus – potes – respondeo – capiunt

7 | 1 Der Opa und das liebe Vieh. Notiere alle Wörter, die Tiere bezeichnen (auch allgemeine Ausdrücke) und dekliniere sie im Singular und Plural.
2 Ergänze jeweils ein Adjektiv. Dekliniere den ganzen Ausdruck.

Stadt und Land

8 Bestimme die unterstrichenen Formen und übersetze die Sätze. Achte genau auf den Zusammenhang.

a) Avus cum <u>servis</u> aquam apportat.
   Avus <u>servis</u> cibum praebet.

b) Liberi <u>ancillae</u> non parent.
   Negotia <u>ancillae</u> multa sunt.
   <u>Ancillae</u> familiam cibo delectant.

c) Marcus <u>avo</u> respondet.
   Marcus cum <u>avo</u> pecus curat.

d) Paulla <u>dona</u> patris comprehendit.
   <u>Dona</u> patris pulchra sunt.

9 Für alle Fälle …
Du hast jetzt alle Kasus kennengelernt. Stelle in einer Tabelle die Fragen nach den Satzgliedern und die Funktion im Satz zusammen.

Kasus	Frage	Funktion
Nominativ	Wer/was?	Subjekt
Genitiv		
Dativ		
Akkusativ		
Ablativ		

10 Deklinieren – liegt auf der Hand!
Zeichne die Umrisse deiner Hände auf ein Blatt und schneide sie aus.
Trage jetzt zunächst die Endungen der o-Dekl. ein, dann – in unterschiedlichen Farben – die der anderen Deklinationen sowie die Pronomina.
Jetzt übe das Deklinieren mit den Händen!

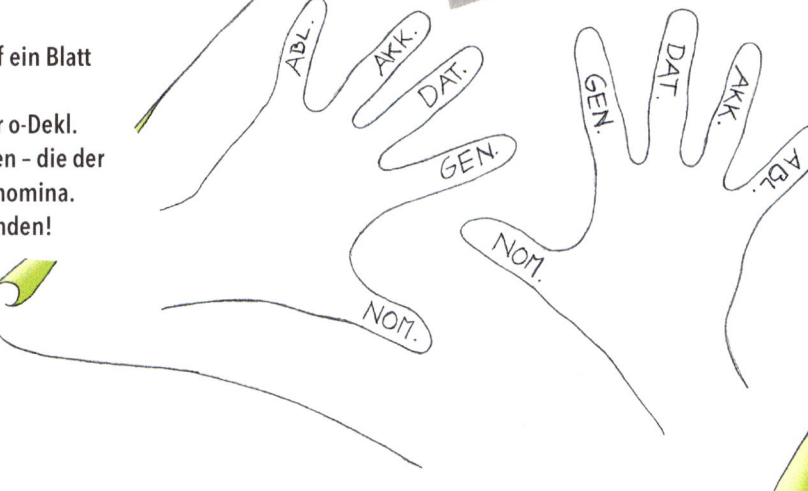

11 | 1 Die Geschmäcker sind verschieden! Ergänze das Dativ-Objekt in der richtigen Form und übersetze.

a) *Petroselinum* (avus) placet.
b) Ludus (liberi) placet.
c) (Paulla) placet Marcum capere.
d) Ancilla pulchra (pater) placet.
e) Herbae (pecora) placent.
f) Ludi *gladiatorum* (homines) placent.
g) Equi (filiae) placent.

2 Was ändert sich, wenn du statt »placere« das Verb »delectare« einsetzt? Forme die Sätze entsprechend um.

12 *esse*: ein Verb, viele Gesichter!
Ebenso wie *adesse* ist auch *posse* mit *esse* verwandt. Bilde die fehlenden Formen und übersetze:

esse	adesse	posse
est	adesse	posse
	adsumus	
		potestis
sum		
	adsunt	
		potes

9 Stadt und Land

Großvaters Lektion

Großvater Aurelius ist sehr verärgert, weil seine Enkel nicht auf ihn gehört und auf den Esel aufgepasst haben.

Avus: »Līberī, venīte et audīte! Sī dīcō ›asinum cūrāte‹, vōs pārēre dēbētis!«

Paulla: »Sed … «

Avus: »Tacē! Līberī semper pārēre dēbent! Etiam Catō cēnset līberōs semper pārēre dēbēre.«

Gāia: »Nōnne iam diū mortuus est?«

Avus: »Tacē et tū! Catōnem iam diū mortuum esse nōn īgnōrō. Tamen līberī probī verbīs Catōnis pārent. Itaque putō līberōs bonōs pārēre et labōrāre dēbēre.«

Subitō Mārcus: »Sed pater iterum atque iterum dīcit līberōs laetōs esse et lūdere dēbēre.«

Avus: »Silentium! Necesse est līberōs quoque officium facere. Nam officium virtūs vērē Rōmāna est. Itaque Catō iubet līberōs lūdōs dēsinere.«

Mārcus: »Cōnstat Catōnem tuum līberōs nōn amāre. Pater libenter videt līberōs gaudēre. Sed nūllum gaudium est in verbīs Catōnis. Num tū cupis miseriam nostram?«

Avus magnā vōce clāmat: »Iam tē verberō, male puer!!!«

Tum Gāia: »Nōnne Catōnī placet īram plācāre?«

1 Lies die Informationen über Cato und finde Gründe, weshalb der Großvater Aurelius sich in Erziehungsfragen gerne auf den alten Cato beruft.

2 Die Sätze »Liberi semper parere debent.« (Z. 4) und »Nonne iam diu mortuus est?« (Z. 6) werden jeweils im Text noch einmal in veränderter Form aufgegriffen. Beschreibe, was sich geändert hat.

3 Wie könnte der Großvater auf Gaias letzten Satz reagieren? Setze die Unterhaltung auf Deutsch fort.

4 Schreibe aus Gaias Sicht einen Tagebucheintrag über die Ereignisse mit dem Esel und die anschließende Unterhaltung.

Cato

Der antike Historiker Plutarch schildert uns Marcus Porcius Cato mit dem Beinamen *Censorius* (234–149 v. Chr.) als recht zwiespältige Persönlichkeit. Er übermittelt uns das Bild eines strengen und konservativen Römers, der für Disziplin und Sparsamkeit steht. Jedoch merkt er kritisch an, dass diese bisweilen an Geiz grenzende Sparsamkeit Cato u.a. dazu trieb, den Verkauf alter, »nutzlos« gewordener Sklaven zu empfehlen. Unverständlich für Plutarch, denn Cato war sich nicht zu schade, mit seinen Sklaven gemeinsam zu arbeiten und an einem Tisch zu essen. Cato – harte Schale mit weichem Kern? Dafür spricht vielleicht, dass es für ihn als liebevollen Ehemann und Vater nichts Wichtigeres gab, als seiner Frau beim Baden und Stillen des gemeinsamen Sohnes zuzusehen.

*Dädalus und Ikarus

Am Abend erzählt Aurelius seinen Enkeln – gewissermaßen als Wiedergutmachung für die harschen Töne am Vormittag – die Geschichte von Dädalus und Ikarus. Paulla, Gaia und Marcus hören gebannt zu, denn ihr Großvater ist ein toller Geschichtenerzähler.

»Daedalus iam diū cum Īcarō filiō in Crētā[1] habitāre dēbet. Mīnōs, imperātor Crētae[1], nōn cupit patrem et fīlium Crētam[1] relinquere. Sed Daedalus dolum invenit: ›Īcare‹ inquit ›quod iam diū sine[2] familiā hīc habitāmus, laetī esse nōn possumus. Sed cupiō filium meum laetum esse.
5 Imperātōrem inīquum tandem relinquere dēbēmus. Itaque venī mēcum per āëra[3]! Sed audī verba mea: Lūdus nōn est! Nōlī appropinquāre sōlī![4] Flammās timēre dēbēs!‹
Iam puerō placet cum patre per āëra[3] currere. Sed quia tam laetus est, verbīs patris nōn pāret. Subitō Īcarus magnā vōce clāmat: ›Ēheu[5]! Sōl[6]
10 ārdet!‹ Daedalus videt incendium ālās[7] filiī dēlēre. Neque auxilium neque salūs puerō miserō est. Īcarus iam mortuus est! Daedalus autem fortūnam malam flet.«

1 Crēta, ae: Kreta *(griechische Insel)*
2 sine *(+ Abl.):* ohne
3 per āëra: durch die Luft
4 Nōlī appropinquāre sōlī!: Nähere dich nicht der Sonne!
5 Ēheu!: O weh!
6 sōl, sōlis *m.:* Sonne
7 āla, ae: Flügel

1 Überlege dir, was Ikarus auf die Warnung seines Vaters geantwortet haben könnte.

9 Stadt und Land

1 Auf dem Landgut
Übersetze und beschreibe dann die neuen Erscheinungen.

Paulla videt
– equos per campos currere.
– Marcum cum Gaia venire.

Paulla dicit
– avum exspectare.
– etiam asinum per campos errare.

2 Pantomime
Notiere fünf Verben. Spiele sie der Klasse vor, die Mitschüler notieren ihre Lösung. Wer errät alle?

3 Rap – Vokabeln mit Pepp!
Bringe mindestens fünf neue und fünf bereits bekannte Vokabeln in einem Rap unter. Trage diesen der Klasse vor.

4 Kleine Wörter – Gib die Bedeutung an. Wähle drei Wörter aus und finde Eselsbrücken.
diu – nam – etiam – tam – tamen – tandem – quoque – atque – itaque – ita – iam – ibi – libenter – certe – vere – hic – hodie – magis – maxime

5 Komposita – Finde entsprechende Bedeutungen.
ad-venire = herbei-kommen
ad-vocare – ad-movere – ad-vertere – ac-currere – ac-clamare

6 | 1 Stelle alle lateinischen Wörter zusammen, die du brauchst, um das Bild zu beschreiben.
2 Bilde kurze lateinische Sätze und lass deinen Nachbarn übersetzen.

Stadt und Land 9

7 Bestimme den Kasus der unterstrichenen Substantive und übersetze den Ausdruck.

caprum <u>familiae</u> quaerere – <u>signum</u> dare – <u>dominae</u> parere – verbis <u>avi</u> parere – <u>uxori</u> dona praebere – <u>avo</u> respondere – <u>officia</u> facere

8 | 1 Bestimme die Formen und übersetze.
2 Gib die Grundform an.

amittunt – cupis – venite – dicit – puto – datis – tace – salutant – amamus – censet – possumus – habitatis

9 | 1 Nominativ und Akkusativ. Gib die Bedeutung an und bilde dann den Akkusativ Singular und Plural.

gaudium – puer – miseria – ludus – corpus – verbum – pater – virtus – soror – puella

2 Bilde die Grundform und gib die Bedeutung an.

gladios – equum – salutem – sacrificia – mercatores – dominos – dona – merces – ancillas – iram

10 Gleich – und doch nicht gleich! Bestimme die unterstrichene Form und übersetze.

a) Avus <u>sorores</u> vocat. Sed <u>sorores</u> non parent.
b) <u>Petroselinum</u> avum delectat. Asino <u>petroselinum</u> cupere non licet.
c) <u>Vires</u> asini magnae sunt, multos <u>viros</u> trahere potest. Marcus <u>vires</u> asini magnas esse videt.
d) Avus <u>frumentum</u> apportat. <u>Frumentum</u> asino placet.

11 | 1 Es brennt! Übersetze.

Marcus tabernam ardere <u>videt</u>. Homines aquam apportare <u>necesse est</u>. Marcus vigiles[1] currere iam <u>audit</u>. Subito vir servos aquam in flammas fundere <u>iubet</u>.
Tandem mercator flammas tota bona delere <u>dicit</u>. Sed Marcus patrem suum auxilium praebere <u>cupit</u>.
1 vigil, is *m.: hier:* Feuerwehrmann

2 Die unterstrichenen Verben können einen AcI einleiten. Finde übergeordnete Begriffe, die ihre Funktion erläutern.

12 Klammertechnik
Markiere in deinem Heft den AcI mit einer Klammer. Unterstreiche Subjektsakkusativ und Prädikatsinfinitiv. Dann übersetze.

Avus dicit Daedalum Cretam[1] relinquere non posse. Itaque Icarus patrem dolum invenire cupit. Sed Icarum solem[2] timere necesse est. Subito Daedalus Icarum verbis non iam parere videt. Pater puerum miserum mortuum esse dolet[3].
1 Creta, ae: Kreta (Insel) – **2 sol,** solis *m.:* Sonne – **3 dolere:** betrübt sein

13 AcI-Auslöser
Forme die wörtliche Rede jeweils in einen AcI um und übersetze dann.

a) Avus dicit: »Cato vir magnus est.«
b) Marcus putat: »Cato liberos non amat.«
c) Marcus dolet[1]: »Liberi laborare debent.«
d) Pater gaudet: »Puellae in horto ludunt.«
e) Avus gaudet: »Turba tandem tacet.«
f) Paulla cupit: »Avus liberos non verberat.«
1 dolere: betrübt sein

Rom

Sein nacktes Leben habe er retten können, aber seine Habseligkeiten wurden beim Brand des Mietshauses ein Raub der Flammen. So schildert uns der Satirendichter Juvenal den armen Poeten Cordus. Ja, wenn er reich gewesen wäre, dann hätte man Mitleid mit ihm gehabt. Aber was besaß Cordus schon, ein Zimmerchen unterm Dach, ein winziges Bett, einen Tisch, etwas Geschirr, eine verrottete Kiste mit griechischen Gedichten – seine eigenen! –, und die taugten ohnehin nur noch als Futter der Mäuse.

Leben in der Großstadt Rom

Rom – eine Stadt mit zwei Gesichtern, schon damals Millionenmetropole. Wir bestaunen heute die Überreste römischer Prachtbauten. Ein zuverlässiges Wasserversorgungssystem sorgte überall in der Stadt für frisches Wasser. Großzügige Sport- und Freizeitanlagen boten vielfache Zerstreuung. Wunderschöne, mit allem Komfort ausgestattete *domus* (Stadthäuser) zogen sich die Hänge der Hügel hinauf.

1 Peristyl eines Hauses in Pompeji

Eine solche *domus* war für das Klima in Italien ideal. Sie bestand in der Regel aus zwei Gebäudeteilen. Durch die *fauces* (Haustür) betrat man den Eingangsbereich mit dem *atrium* (Innenhof). Von hier aus gelangte man in die vorderen Wohn- und Arbeitsräume. Die Mitte des Atriums bildete das *impluvium,* in dem sich das Regenwasser sammelte. Der wichtigste Raum war das *tablinum,* der Empfangs- und Arbeitsraum des Hausherrn. Das *tablinum* trennte den öffentlich zugänglichen Teil des Hauses von den Privaträumen der Familie. Diese waren mit aufwändigen Wandgemälden geschmückt und hatten alle Zugang zum *peristylium,* einem sonnendurchfluteten Innengarten mit Grünanlage, Ruheplätzen, Statuen, Brunnen und einem Säulengang.

Das war freilich nur die eine Seite der Medaille Rom. Es gab nämlich noch eine andere, weniger schöne: Unbezahlbare Grundstückspreise und Mietwucher zwangen viele Einwohner zu einem armseligen Leben in den sogenannten *insulae,* den Mietskasernen der *Subura.* Lärm, Gestank, Dreck, Sommerhitze, Winterkälte, dazu Häusereinstürze, weil man beim Bau der Häuser minderwertiges Baumaterial verwendet hatte, und die allgegenwärtige Brandgefahr machten den Bewohnern das Leben hier bisweilen zur Hölle. Die Feuerwehr war im Dauereinsatz. Tagsüber war es verboten, mit einem Wagen durch die überfüllten Straßen zu fahren. Der gesamte Liefer- und Warenverkehr musste daher nachts abgewickelt werden. Dass dabei nicht allzu viel Rücksicht auf das Ruhebedürfnis der Anwohner genommen wurde, versteht sich von selbst.

2 Möbel aus Pompeji

Leben auf dem Land

Wer es sich leisten konnte, zog zumindest während der Sommermonate aufs Land. In der Umgebung Roms gab es zahlreiche, bestens ausgestattete *villae* (Landsitze) mit riesigen Ländereien. Zu diesen *villae* gehörten Ge-

Stadt und Land

treidefelder, Obst- und Weingärten, Bienenstöcke, Geflügelhöfe und Viehweiden. Viele dieser *villae* waren auf dem Grund und Boden verarmter Bauern errichtet worden. Landflucht hatte sie nach Rom gespült, wo sie nun als *proletarii* (= Menschen, deren einziger Besitz Kinder sind) mit staatlicher Unterstützung ihr Leben fristeten.

Horaz war nicht gern in Rom. Aber nur hier konnte er einen Maecenas treffen, der sein Talent erkannte und ihm zu finanzieller Unabhängigkeit verhalf. Denn eines Tages erfüllte er den Herzenswunsch des Horaz …

Wie sehr sich Horaz über dieses Geschenk freute, zeigt er mit dieser kleinen Geschichte: Eine Stadtmaus besucht ihre Freundin auf dem Lande. Das Essen ist einfach, ein paar Körner, etwas Obst, Rosinen, Erbsen. Nach einigen Bissen fängt die Stadtmaus an, von den Köstlichkeiten der städtischen Küchen zu erzählen. Der Feldmaus läuft das Wasser im Mund zusammen. Sie beschließt einen Gegenbesuch. Und tatsächlich, die Stadtmaus serviert im Haus eines Reichen Leckereien, von denen die Feldmaus bisher nicht zu träumen wagte. Doch dann geschieht das Unglück. Unter lautem Gebell springt ein Hund ins Zimmer. Den Mäusen bleibt nur die Flucht. Die Feldmaus reist sofort wieder ab und lobt sich ihr friedvolles Mauseloch im Walde. Ahnst du, welches Geschenk Maecenas dem Horaz gemacht hat?

1 Zwei Gesichter einer Stadt – Erläutere diese Aussage aus dem Textzusammenhang.

2 Beschreibe das unten stehende Foto und nenne auch die lateinischen Begriffe. Gib an, um welchen Gebäudetyp es sich handelt.

4 Haus in Pompeji

3 Möbel aus Pompeji

7–9 Stadt und Land

Detektivarbeit

Kennst du Sherlock Holmes, den berühmten englischen Detektiv? Seine Spezialität ist die Spurensuche. Zahlreiche Verbrechen hat er auf diese Weise aufgedeckt.

Recherche

Eine seiner Arbeitsmethoden war das *Recherchieren.* Dieser Begriff stammt aus dem Französischen und bedeutet »gezieltes Suchen«. Das funktioniert natürlich auch im Lateinunterricht. Wichtig ist, dass du schon vor einer Recherche eine gewisse Vorstellung von dem hast, was du suchst. Das kann eine historische Person sein, ein Ereignis der Geschichte, ein Fachbegriff, ein Fremdwort oder ein ganz alltäglicher Gegenstand.

Ist dir ein Suchbegriff im Lateinischen völlig fremd, dann schau zunächst in dein Lateinbuch. Meistens findest du hier schon einen wichtigen Hinweis. Für eine detaillierte Suche solltest du *Medien* (Hilfsmittel) verwenden, mit denen du gut arbeiten kannst. Du kannst Lexika, Bild- und Filmmaterial benutzen; du kannst dich in Museen und Ausstellungen informieren und selbstverständlich kannst du auch im Internet recherchieren. Dazu gibst du deinen Suchbegriff in eine der Suchmaschinen ein. In der Regel bekommst du hier schon etliche Hinweise. Am hilfreichsten ist es dann, mit der Internetplattform *Wikipedia* zu beginnen. Neben wichtigen Informationen hält *Wikipedia* nämlich auch hilfreiche Links bereit. Aber Vorsicht! Verlasse dich nie nur auf *Wikipedia* oder eine andere Internetseite alleine. Informationen solltest du immer auch durch mindestens eine weitere Internetseite absichern.

Bisweilen muss man im Internet weitere Begriffe zum eigentlichen Suchbegriff mit eingeben, um wirklich aussagekräftige Informationen zu erhalten. Am Beispiel des Suchbegriffs »Petersilie« siehst du, wie das funktioniert: Wenn du bei Google den Suchbegriff »Petersilie« eingibst, findest du als ersten Eintrag die Seite von *Wikipedia.* Hier erhältst du wichtige allgemeinbiologische Informationen zur Petersilie; über die historische Bedeutung erfährst du dagegen nur wenig. Fügst du nun bei Google zu dem Begriff »Petersilie« den Begriff »Antike« hinzu, dann triffst du auf Seiten, die die Petersilie auch als Gewürz- und Heilpflanze der Antike im Blick haben, und kannst so deine Kenntnisse zur Petersilie abrunden.

Kleiner Tipp: Es gibt spezielle Schülerseiten, die sehr hilfreich sind. Du findest sie unter dem Begriff »Kinderseiten« in deiner Suchmaschine. Meistens bieten diese Kinderseiten auch wertvolle und informative Links. Aber natürlich gilt hier ebenfalls die Devise: »Vertrauen ist gut, Kontrolle ist besser«, also lieber Informationen durch andere Internetseiten nochmals absichern!

Vorerschließung

Wäre Sherlock Holmes ein Schüler wie du, würde er vielleicht nach

Spuren im lateinischen Text suchen, die ihm die Übersetzung erleichtern. Mach's wie er und geh ebenfalls auf Spurensuche. Das heißt dann aber nicht Spurensuche, sondern Textvorerschließung.

Die Textvorerschließung ist eine feine Sache. Man kann vor der Übersetzung nach ganz verschiedenen Spuren suchen. Beispielsweise kannst du im lateinischen Text nach Konnektoren fahnden, oder nach Sachfeldern, Personen, Eigennamen, Ortsangaben, besonderen Vokabeln oder Konjugations- bzw. Deklinationsformen, Satzelementen und, und, und … Die Möglichkeiten sind schier unbegrenzt. Sie haben allerdings eines gemeinsam: Sie erleichtern dir das Übersetzen.

Meistens kannst du übrigens schon aus der Textüberschrift und dem Einleitungstext erschließen, worum es in der Übersetzung gehen wird. Lass deine Fantasie ein bisschen spielen, überlege, wie die Geschichte verlaufen könnte und geh anschließend auf die Suche nach Begriffen, die deine Vermutung untermauern können.

Das funktioniert natürlich auch mit einer Bildanalyse. Bilder haben nämlich den großen Vorteil, dass sie auf einen Blick zeigen, was man mit Worten erst umständlich erklären müsste. Auf Bildern gibt es viel zu entdecken. Du kannst eine Handlung herauslesen, du kannst Sachkenntnisse erwerben, du kannst dich in bestimmte Situationen versetzen. Auch hier ist wieder Fantasie gefragt. Wichtig ist allerdings, dass du, was du dir mit Hilfe eines Bildes überlegt hast, durch Begriffe oder entsprechende Vokabeln aus dem Übersetzungstext belegen musst.

1 Beschreibe das Bild und überlege, worum es in einer Geschichte dazu gehen könnte.

Das habe ich schon gelernt:
Unter einer Recherche versteht man die gezielte Suche nach Personen, Ereignissen, Sachbegriffen u.ä.; die Textvorerschließung bereitet die Übersetzung eines lateinischen Textes vor.

7–9 Stadt und Land

1 | 1 Mutter Latein und ihre Töchter - Italienisch: Nenne die lateinischen Ursprungswörter und ihre deutsche Bedeutung.

2 Lass dir die Wörter von jemandem vorlesen, der Italienisch spricht. Formuliere Aussracheregeln.

clamore – acqua – merce – ira – taverna – ausilio – incendio – salute – asino – orto – pecora – virtù – gaudio – moglie – buono – morto

2 Bestimme die unterstrichenen Formen und übersetze den Ausdruck.

verba <u>viri boni</u> – <u>servos malos</u> reprehendere – clamor <u>vocum magnarum</u> – <u>officio meo</u> gaudeo – <u>puellis probis</u> dona dare

3 Verwandle in den Singular bzw. Plural.

virtutis Romanae – flammis malis (!) – corpori pulchro – hortorum nostrorum – puero laeto – mulieribus probis (!) – tabernarum suarum – patris tui – filiis vestris (!)

4 Ordne jedem Substantiv das passende Pronomen zu.

| mulierem – merces – miseriae – salute – pecoribus – asini – virtutis – mercatori | vestro – vestri – suam – suas – meae – nostrae – tua – meis |

5 Ergänze das in Klammern angegebene Possessivpronomen in der passenden lateinischen Form. Manchmal gibt es zwei Lösungen.

virtutes (mein) – ira (sein) – clamoris (euer) – equis (dein) – equorum (unser) – miseria (euer) – mulieris (dein) – pecora (unser) – saluti (sein)

6 Welche Form passt nicht? Begründe deine Auswahl.

a) pecoris – horti – gladio – flammae
b) salutem – miseriae – bono – mulieri
c) miseriae – horti – mercis – pecori
d) fundis – quaeris – clamoris – dicis
e) respondeo – horto – vinco – iuvo
f) vocas – miserias – laboras – rogas

7 Bilde die Formenschlangen.

a) tabernarum → Sg. → Akk. → Pl.
b) lucri → Dat. → Pl. → Abl.
c) merx → Pl. → Dat. → Sg.
d) imperatorem Romanum → Pl. → Gen. → Sg.
e) viros mortuos → Gen. → Sg. → Dat.
f) officiis meis → Akk. → Sg. → Gen.

Stadt und Land 7–9

8 Singular oder Plural? Bestimme die Formen und übersetze.

debet – habitamus – parent – audi – cupis – habeo – capiunt – potestis – venite

9 Bilde die Formenschlangen.
a) potest → Pl. → 1. P. → Sg.
b) relinquimus → 2. P. → Sg. → 3. P.
c) respondeo → Pl. → 3. P. → Sg.
d) rogant → 1. P. → Sg. → 2. P.
e) capimus → Sg. → 3. P. → Pl.

10 Kombiniere beide Teile zu logischen Sätzen und übersetze.

a) Avus putat liberos   A) diu mortuum esse.
b) Necesse est servos   B) asinum non curare.
c) Pater gaudet liberos   C) libenter currere.
d) Constat equos   D) parere debere.
e) Cato censet liberos   E) laetos esse.
f) Non ignoramus Catonem   F) dominis parere.

11 Bilde die AcIs und übersetze.

Avus dicit …
a) »Liberi semper parere debent.«
b) »Virtus Romana clara est.«
c) »Vir bonus officia sua non ignorat.«
d) »Viri probi libenter laborant.«
e) »Pueri in ludo gaudium petere non possunt.«
f) »Mercatores mali maxime suum lucrum quaerunt.«

12 Ergänze die passenden Endungen und übersetze.
a) Liberi Selici▢ cibum asin▢ praebere cup▢.
b) Av▢ fratri et soror▢ respondet:
c) »Non asino, sed equ▢ cib▢ apportare debetis!«
d) Gaia et Marcus pare▢, Paulla autem verb▢ av▢ non audit.
e) Itaque avus Paull▢ reprehend▢.
f) Sed gaudi▢ asin▢ magnum est.

13 Wahr oder falsch? – Stelle falsche Aussagen richtig.
a) Im alten Rom gab es nie eine staatliche Feuerwehr.
b) Die Subura war ein ärmliches und gefährliches Stadtviertel.
c) Viele Römer kochten sich einfache, ungewürzte Speisen in ihren Mietwohnungen.
d) Cato war ein liebevoller Ehemann und Vater.

14 Suche dir eine der beiden Rechercheaufgaben aus und fasse deine Ergebnisse für deine Mitschüler zusammen.

a) Sagen wie die von Dädalus und Ikarus können wir beim Dichter Ovid lesen. Informiere dich über dessen Leben und Werk.

b) Cato ist bekannt für den Satz »Ceterum censeo Carthaginem esse delendam!«. Informiere dich über diesen Satz und die drei »Punischen Kriege«.

10 Familienstreit

Wehe den Besiegten!

Zurück in Rom: Am frühen Morgen machen sich die Selicii auf den Weg zum Forum – die Kinder müssen in die Schule, und Sextus braucht dringend eine ordentliche Toga.

Aurēlia: »Sexte, venī ad eam tabernam! Videō mercātōrēs ibī vestēs variās vēndere. Quid cēnsēs dē eā togā?«

Sextus: »Uxor cāra, mihī iam toga est. Et ea mihī minimē placet.«

Aurēlia: »Nōnne intellegis? Eques es. Equitibus necesse est vestēs novās habēre.«

Sextus: »Nōnne tū intellegis eam togam mihī minimē placēre?«

Aurēlia marītum ad aliam tabernam trahit: »… Et quid cēnsēs dē eā togā?«

Sed Sextus verba uxōris neglegit, aliās rēs[1] in forō petit: »Ecce pānis bonus! Eum pānem cupiō. Nam meus venter[2] nōn exspectat libenter.«

Aurēlia: »Tibī profectō venter[2] cupidus est! Sed moneō tē: Resiste ei cupiditātī! Ergō: Quid cēnsēs dē eā togā? Vērē idōnea tēque digna est.«

Sextus: »Nōnne vidēs pretium eārum togārum? Eō pretiō vestem emere nōn cupiō. Numquam!«

Aurēlia: »Vincere nōn potes. Sī eam togam emere nōn cupis, aliam emere dēbēs. Asia, dā mihī pecūniam. Accipe vestēs et domum[3] apportā! Et ea ōrnāmenta …«

Sextus: »Vae victīs![4]«

1 aliās rēs *(Akk. Pl.)*: andere Dinge
2 venter, ventris *m.*: Bauch
3 domum: nach Hause
4 Vae victīs!: Wehe den Besiegten!

1. Lies den Einleitungstext und beschreibe die Situation auf dem Bild. Äußere Vermutungen über den Inhalt des Dialogs.
2. Bestimme den zentralen Begriff und begründe deine Wahl.
3. Beschreibe die Haltung Aurelias auf dem Bild. Nenne den Satz im Text, der zu ihrer Geste passt. Welches Wort unterstreicht ihre Geste?
4. Charakterisiere Sextus und Aurelia. Belege deine Beobachtungen am Text.
5. Spielt die Szene möglichst ausdrucksstark in der Klasse nach.

Toga

Togati – so bezeichnete man römische Bürger, denn das Tragen einer Toga war allein ihnen erlaubt. Eine Toga bestand aus mehreren Metern Wollstoff, war oval geschnitten und konnte nur mit Hilfe angelegt werden. Zweifellos verlieh sie ihrem Träger eine gewisse Würde, aber im Grunde war sie recht unpraktisch. Sie schränkte die Bewegungsfreiheit ein, musste stets fleckenlos sauber sein und war für viele ohnehin kaum erschwinglich. Sie war so unbeliebt, dass Augustus die Ädilen sogar anwies, nur wirklichen *togati* (und Frauen mit Stola) das Betreten des *Forum Romanum* zu gestatten.

*Haltet den Dieb!

Auf dem Rückweg von der Schule kommen die Kinder an einer Gaststätte vorbei …

Mārcus videt virum quendam[1] ē tabernā currere. Sorōrēs vocat: »Vidēte eum virum!« Gāia respondet: »Ei certē negōtium magnum est.« Paulla: »Putō eum hominem templum[2] petere.«

Subitō caupō[3] ē tabernā properat. Līberī clāmōrem eius audiunt: »Quid
5 spectātis tamquam[4] pecora? Eum comprehendite! Is fūr[5] est! Tōtam pecūniam meam habet.«

Īra clāmorque caupōnis[3] līberōs incitant: Mārcus statim currere incipit, fūrem[5] capit. Iam caupō[3] adest, fūrem[5] verberat; nōn dēsinit eum verberāre! Līberī intellegunt fūrem id tolerāre nōn posse.
10 Fūr[5] nōn sōlum dē salūte, sed etiam dē vītā timet. Ecce! Iam magnā vōce pācem petit et caupōnī[3] pecūniam dat.

1 **quendam:** *hier:* einen
2 **templum,** ī: Tempel
3 **caupō,** ōnis *m.*: Wirt
4 **tamquam:** so wie
5 **fūr,** fūris *m.*: Dieb

1 Beschreibe den Spannungsverlauf des Textes. Wo ist der Höhepunkt?
2 Beschreibe das Verhalten des Wirts und bewerte es.

10 Familienstreit

1 Grün und gesund – Großvaters Kräuter
Übersetze und beschreibe dann die neuen Erscheinungen.

Avus: »Id est petroselinum[1]. Ea herba vere bona est. Eius vires magnae sunt. Semper eis herbis gaudeo. Spectate eum hortum, eos campos, ea pecora! Aspectus[2] eorum mihi maxime placet. Ecce, servus cum capro venit. Nonne ei petroselinum apportare cupitis, liberi?«
Gaia: »Ei – servo aut[3] capro?«
1 petroselinum, i: Petersilie – **2 aspectus:** Anblick – **3 aut:** oder

2 Stolze Besitzer
Übersetze und beschreibe dann die neuen Erscheinungen.

a) Sexto Selicio multa bona sunt.
b) Aureliae uxori hortus pulcher est.
c) Aurelio asinus est.
d) Servis multa negotia sunt.
e) Et liberis … caper est!

3 | 1 Stelle alle lateinischen Wörter zusammen, die du brauchst, um dieses Bild zu beschreiben.
2 Bilde kurze lateinische Sätze und lass deinen Nachbarn übersetzen.

4 | 1 Toga oder Brot? Aurelia möchte Kleidung kaufen, Sextus etwas zu essen. Ordne die neuen Vokabeln einem von beiden zu.
2 Ergänze passende ältere Begriffe.

5 | 1 Ordne den Substantiven inhaltlich passende Adjektive zu.
2 Passe die Adjektive in KNG an und übersetze die Ausdrücke.

toga – vestis – equites – ornamentum – panis – asinus – pretium	dignus – idoneus – cupidus – varius – novus – alius – carus

6 | 1 Für Sprachforscher: Nenne die lateinischen Ursprungswörter und gib die Bedeutung an.
2 Erkläre die Bedeutung der Begriffe.

Weste – Preziose – variabel – intelligent – pekuniär – alias

7 | 1 Bestimme die Form und übersetze.
2 Bilde den Infinitiv und ordne nach Konjugationen.

facit – moneo – cupis – habetis – placet – censes – accipe – vertitis – intellegunt – delemus – trahunt

Familienstreit 10

8 | 1 Ordne den Substantiven jeweils eine passende Form von »is, ea, id« zu und bestimme die Form.

uxoris – ad tabernam – cupiditati – corpus – ornamenta – togarum – homines

eos – id – ea – eam – ei – earum – eius

2 Bilde jeweils den anderen Numerus.

9 Auf frischer Tat ertappt
Ergänze die passende Form von »is, ea, id« und übersetze.

Marcus: »Ecce, ex ▮ taberna vir currit. ▮ virum furem[1] esse puto.«
Caupo[2]: »▮ pecunia mea est! Comprehendite ▮ furem[1]!«
Paulla: »Fortuna ▮ hominis me movet.«

[1] **fur,** furis *m.:* Dieb – [2] **caupo,** onis *m.:* Gastwirt

10 Auf Einkaufstour
Markiere in deinem Heft den AcI mit einer Klammer. Dann übersetze.

a) Aureliam cum Asia vestes emere videtis.
b) Subito Asia mercatorem clamare audit.
c) Dominae dicit furem[1] e taberna currere.
d) Mercator homines furem[1] comprehendere debere clamat.
e) Vigiles[2] furem[1] capiunt. Asia mercatorem furem[1] verberare gaudet.

[1] **fur,** furis *m.:* Dieb – [2] **vigil,** is *m.:* Wache

11 | 1 Formen-Detektor: Suche alle Dativ-Formen heraus.

2 Bestimme auch die anderen Formen.

uxori – tibi – vertitis – signo – irae – vestibus – officia – paci – corporibus – gaudetis – ei – sacrificiis – magis – vocis – ornamentis

12 Ergänze in deinem Heft die fehlenden Formen.

Nom. Sg.	Dat. Sg.	Dat. Pl.
	pecori	
		togis
pretium		
		mercibus
gladius		

13 Grenze die Satzbausteine ab (Subjekt, Prädikat, Akk.-Objekt, Dat.-Objekt) und übersetze.

a) Daedalus dolum novum invenit.
b) Daedalus Icaro filio alas[1] dat.
c) Daedalus filium carum monet.
d) Icarus verbis patris non paret.
e) Vis flammarum alas[1] Icari delet.

[1] **ala,** ae: Flügel

14 Dativus possessivus: Übersetze.

a) Virtus tua magna est.
Tibi magna virtus est.
b) Servi Selicii boni sunt.
Selicio boni servi sunt.
c) Mea toga pulchra est.
Mihi toga pulchra est.

11 Familienstreit

Romulus und Remus

Paulla hat heute in der Schule die Sage über den Stadtgründer Romulus und seinen Zwillingsbruder Remus gehört. Jetzt will sie diese mit Gaia nachspielen, die zunächst recht gutmütig mitmacht. Da kommt auch der große Bruder hinzu.

Paulla: »Salvē, Mārce! Īmus in hortum et fābulam agimus Rōmulī et Remī. Gāia est Remus, egō Rōmulus sum – et tū, Mārce, es rēx malus.«

Mārcus: »Aha – et caper noster est lupa[1] …?!«

Paulla: »Vōbīs nārrō fābulam: Rhēa Silvia, quamquam virgō Vestālis
5 est, geminōs[2] fīliōs parit, Rōmulum et Remum. Pater eōrum Mārs est. Sed rēx, avunculus[3] mātris, dē rēgnō suō timet. Hominēs nārrant eum servum fīdum habēre. Itaque rēx servum vocat: ›Tē iubeō abīre et puerōs in flūmine necāre. Mārs, sī rē vērā est pater puerōrum, eōs servāre potest.‹ Tum – tum – …« Paulla haeret.

10 Mārcus: »*Mihī* autem fābula nōta est: Līvius scrīptor[4] trādit servum rēgis haud libenter pārēre.«

Gāia: »Itaque servus ›Abeō‹ dīcit. Rē vērā simulat sē puerōs necāre: Flūmen adit, eōs in alveum[5] pōnit, alveum[5] aquae trādit. Bēstiae ad aquam eunt, puerōs capiunt, necant …«

15 Paulla: »Stulta nārrās! Nōn īgnōrō lupam[1] puerōs invenīre. Quia flūmen altum nōn est, eōs servat. Sīc Mārs dēmōnstrat sē patrem puerōrum esse. – Īte tandem in hortum!«

1 lupa, ae: die Wölfin
2 geminus, a, um: Zwillings-
3 avunculus, ī: Onkel
4 scrīptor, scrīptōris *m.*: Schriftsteller
5 alveus, ī: Trog, Wanne

---

1. Sammle aus dem Einleitungstext erste Informationen über Romulus und Remus. Trage aus Paullas Erzählung (Z. 4-9) zusammen, welche Personen noch eine Rolle spielen.

2|1 Erzähle die Geschichte von Romulus und Remus in eigenen Worten.
  2 Nenne mögliche Gründe für das Handeln des Königs und seines Dieners und beurteile es.

3|1 Arbeite heraus, wie Gaia und Marcus ihre kleine Schwester behandeln. Belege deine Beobachtungen am Text.
  2 Spielt die Szene in der Klasse nach.

4. Erstelle ein Poster / eine Collage zu Romulus und Remus.

Vestalinnen

Das heilige Feuer im Tempel der Göttin Vesta durfte niemals ausgehen. Darüber wachten die hoch angesehenen Priesterinnen der Vesta, die Vestalinnen. Bereits im Mädchenalter wurden sie für dreißig Jahre in das Haus der Vestalinnen auf dem *Forum Romanum* aufgenommen. In dieser Zeit lebten sie ehelos. Sie waren die einzigen Frauen Roms, die nicht unter männlicher Vormundschaft standen. Sie hatten sogar Anspruch auf die Begleitung durch staatliche Leibwächter, sogenannte Liktoren. Dieses Recht stand sonst nur Konsuln und Praetoren zu.

*Und so geht es weiter

Inzwischen ist das Theaterstück voll im Gange: Nach ihrer Rettung durch die Wölfin wachsen Romulus (Paulla) und Remus (Gaia) bei einem Hirten auf. Schließlich wollen sie eine neue Stadt gründen. Doch wer soll sie regieren? Ein Götterspruch soll entscheiden …

›Remus‹: »Nunc abīre et ā dīs ōrāculum¹ petere dēbēmus.«

Itaque ›Rōmulus‹ et ›Remus‹ abeunt et caelum² spectant, quia ōrāculum¹ ē caelō² missum³ exspectant:

›Remus‹: »Ecce! Ibī sunt sex avēs⁴ – dī fidī sunt! Mihī rēgnum dant!«

5 ›Rōmulus‹: »Ah! Egō duodecim avēs⁵ videō! Eō ex ōrāculō¹ intellegō deōs rē vērā mē iuvāre! Eōs tē nōn amāre cēnseō!«

Tum ›Rōmulus‹ lapillōs⁶ aliōs super aliōs⁷ pōnit: »Reme, spectā mūrum⁸ meum!«

›Remus‹: »Haha! Cōnstat mūrum⁸ Rōmulī altum nōn esse. Sed mūrus⁸
10 tuus – nūllus est, Rōmule!!«

›Rōmulus‹: »Stulta es, Gāia! Nunc vērē tēcum pūgnō!«

Subitō māter in hortum venit: »Quid agitis? Dēsinite pūgnāre, puellae!«

Paulla: »Sed Rōmulus sum! Gāiam – ah – Remum necāre dēbeō!«

1 ōrāculum, ī: Orakel, Entscheidung

2 caelum, ī: Himmel

3 missus, a, um: geschickt

4 sex avēs: *(Nom. und Akk. Pl. f.)*: sechs Vögel

5 duodecim avēs: *(Nom. und Akk. Pl. f.)*: zwölf Vögel

6 lapillus, ī: Steinchen

7 aliōs super aliōs: übereinander

8 mūrus, ī: Mauer

1 Erkläre, weshalb Paulla plötzlich aus ihrer Rolle fällt.

11 Familienstreit

1 Wo ist die Toga?
Übersetze und beschreibe dann die neuen Erscheinungen.

a) Sextus vestem suam quaerit. Dicit se vestem suam quaerere.
b) Aurelia eum vestem quaerere videt. Gallum vocat. Neque Gallus togam eius invenit.
c) Tandem Sextus se vestem suam videre dicit.
d) Caper vestem eius apportat … Aurelia Gallum eum verberare iubet.

2 Verloren – gefunden
Übersetze und beschreibe dann die neuen Erscheinungen.

Pater caprum quaerit. In hortum it. »Marce, mecumne is? Puellae, mecumne itis?« Liberi in hortum eunt. Sed Asia: »Vos certe itis, ego numquam in hortum eo!«
Tandem Sextus: »Aurelia, in tabernam ire cupio. Ibi silentium est.« Aurelia: »Te novam togam emere necesse est …«

3 Ein Wort – viele Bedeutungen
Wähle die jeweils passende Übersetzung.

a) pecora per campum agere – liberos agere – negotia agere – de pace agere
b) ad aram adire – regem adire – adversarios adire

4 »Verwandte« Wörter: Führe auf ein bekanntes Wort zurück und erschließe die Bedeutung. Achte auf die Wortart.

gaudium → gaudere → Freude
timor – regere – fides – regius, a, um – narratio – altitudo – simulator – nex

5 | 1 Stelle alle lateinischen Wörter zusammen, die du brauchst, um dieses Bild zu beschreiben.
2 Bilde kurze lateinische Sätze und lass deinen Nachbarn übersetzen.

6 Eselsbrücken
Lies dir den Text »Romulus und Remus« durch und notiere alle Vokabeln, die du nicht kennst. Ermittle die Grundform und frage deinen Partner nach der Bedeutung oder schlage nach. Überlegt euch gemeinsam Eselsbrücken für diese Wörter.

7 Begriffe verbinden
Verbinde passende Wörter und übersetze die Begriffe.

liberos – regem – flumen – fabulam – adversarium – servus – regnum – fabula

necare – narrare – nota – altum – tradere – parere – adire – fidus

Familienstreit 11

8 Deklinieren – liegt auf der Hand!
Zeichne noch einmal die Umrisse deiner Hände auf ein Blatt. Jeder Finger steht für einen Kasus. Dekliniere »is, ea, id«.

9 | 1 Ordne nach Wortarten (Substantive, Adjektive, Verben).
2 Bilde die Grundform und gib die Bedeutung an.

a) demonstro – abitis – rege – fide – haere – fluminis – mortuis – habemus – notus – facitis
b) officio – varii – pariunt – pani – pono – monetis – merce – digno – salutate – salute – neglego

10 Klammertechnik
Markiere in deinem Heft den AcI mit einer Klammer. Dann übersetze.

a) Paulla Rheae Silviae geminos[1] esse narrat.
b) Martem patrem geminorum[1] esse constat.
c) Sed avunculus[2] se pueros timere dicit.
d) Ad servum se vertit: »Te liberos necare iubeo.«
e) Is autem se pueros necare simulat.
1 geminus, i: Zwilling – **2 avunculus,** i: Onkel

11 | 1 Wer ist gemeint? Übersetze.
2 Nenne jeweils das Bezugswort für »se« bzw. »eum«.

a) Sextus dicit se togam non invenire. Servum vocat. Iubet eum togam quaerere.
b) Aurelia dicit se cibum cupere. Asiam vocat. Iubet eam cibum in foro emere.
c) Avus dicit se aquam apportare non posse. Marcum vocat. Iubet eum sibi adesse.

12 AcIs bilden
Mache die Aussagesätze abhängig von:

a) Dico …
– Tu puella pulchra es.
– Pueri semper pugnant.
– Ego libenter per campos curro.
– Nos libenter ludos spectamus.
b) Paulla dicit …
– (Ego) soror Gaiae sum.
– Dona pulchra cupio.
– In hortum non eo.

13 Welche Form passt? Wähle aus und übersetze.

Romulus et Remus (abeant, abeunt, abint).
Romulus: »Oraculum[1] (adeo, adeunt, aditis).
Ecce, turba iam in campum (is, it, imus).«
Remus: »(i, eo, it) tu! Necesse est me aram (adimus, adire, aditis). Viri, (ite, itis, ita) mecum!«
1 oraculum, i: Orakel

12 Familienstreit

Der Raub der Sabinerinnen

Heute erwarten die Selicii die Familie der Sabinii als Gäste zum Essen. Schließlich ist Gaia schon im heiratsfähigen Alter. Gaia will sich dafür besonders hübsch machen, doch die Sklavin Asia lässt auf sich warten.

Gāia: »Tē iam diū exspectāvī! Ubī fuistī, Asia?!«

Asia: »Adsum, domina, multa agere dēbuī. Cūr tam excitāta¹ es?«

Gāia: »Sabīniōs exspectāmus, gentem clāram atque antīquam.«

Asia: »Gentem antīquam? Quid sīgnificās²? Nārrā, quaesō³!«

5 Gāia: »Postquam Rōmulus urbem Rōmam cum amīcīs aedificāvit, ūnus ex eīs ›Multum‹ inquit ›labōrāvimus. Nōbīs urbs pulchra et multa bona sunt – neque uxōrēs. Num putāvistī nōs sine iīs per multōs annōs vīvere posse?‹ – Rōmulus nōn diū dēlīberāvit: ›Certē audīvistis Sabīnōrum mulierēs esse fōrmōsās⁴. Sabīnī autem minimē salūtem nostram cūrant.
10 Itaque mulierēs eōrum dolō in mātrimōnium⁵ dūcere dēbēmus!‹

Rōmānī lūdōs parāvērunt et Sabīnōs invītāvērunt. Sed nōn licuit lūdum diū spectāre. Nam subitō Rōmānī equīs ad-volāvērunt et filiās Sabīnōrum rapuērunt.

Tum Sabīnī bellum contrā Rōmānōs parāvērunt. Sed mulierēs Sabīnae
15 Rōmānōs ad-amāvērunt⁶ et finem bellī petīvērunt. Sīc Rōmānī sōlī nōn iam fuērunt.«

Asia: »Intellegō. Tē iam cōmpsī⁷ – fōrmōsa⁴ es tamquam virgō Sabīna!«

1 **excitātus,** a, um: aufgeregt
2 **sīgnificāre:** *hier:* sagen wollen
3 **quaesō:** (ich) bitte
4 **fōrmōsus,** a, um: hübsch, schick
5 **mātrimōnium,** ī: Ehe
6 **ad-amāre:** sich verlieben
7 **tē cōmpsī:** ich habe dich frisiert

1 Beschreibe die Situation auf dem Bild und äußere Vermutungen über den Inhalt des Textes. Benenne das zentrale Sachfeld und das Thema.
2 Gliedere Gaias Erzählung (Z. 5–16) und gib den einzelnen Abschnitten Überschriften.
3 Charakterisiere das Verhalten der Römer und der Sabinerinnen. Belege deine Aussagen am Text.

Asia erzählt

Ich stamme aus Asien, aber nicht aus der Provinz *Asia*, sondern aus dem viel weiter östlichen Königreich Baktrien. Dort wird wunderbarer Goldschmuck hergestellt. Auch haben wir eine ganz andere Religion als die Leute hier in Rom. Wir verehren die großen Lehrer Buddha und Zoroaster. Unsere Verbindungen reichen bis nach Indien und China. Von dort werden über die Seidenstraße kostbare Güter in das römische Reich importiert. Großvater gehört zum stolzen Stamm der Saken. Man erkennt sie an ihren bunten Spitzhüten. Die Saken mussten vor den aus China stammenden Yüe-tschi nach Baktrien fliehen. Dabei hat er Großmutter kennengelernt und geheiratet.

*Reise nach Griechenland

Beim Essen ergibt sich nun für Gaia die Gelegenheit, Sabinius ein wenig kennenzulernen.

Gāia: »Audīvī tē libenter urbem Rōmam relinquere. Ubī fuistī?«

Sabīnius: »Ita est. Terrās aliēnās[1] spectāre mihī placet. Nūper[2] cum patre in Graeciā fuī. Ibī multās urbēs pulchrās atque antīquās spectāvimus. Etiam Delphōs[3] petīvimus et ōrāculum[4] clārum.«

5 Gāia: »Nōnne etiam Pӯthia, Apollinis sacerdōs, appāruit[5]? Audīvī eam dēlīrāre[6]. Quid spectāvistis?«

Sabīnius: »Postquam Pӯthia nōmen[7] Apollinis in-vocāvit, deus eam incitāvit. Tum verba audīvimus. Quamquam verba eius nōn intellēximus[8], tamen nōn dēlīrat[6]. Nam cōnstat Pӯthiam deō pārēre et
10 verba Apollinis dīcere.«

Gāia: »Ō …! Egō quoque tēcum Delphōs adīre et Pӯthiam vidēre cupiō.«

1 **terra aliēna:** fremdes Land
2 **nūper:** neulich
3 **Delphī, ōrum:** Delphi
4 **ōrāculum, ī:** Orakel
5 **appārēre:** erscheinen
6 **dēlīrāre:** verrückt sein
7 **nōmen** *n.*: Name
8 **intellēximus:** *Perfekt zu* intellegere

1 Stelle aus dem Text Informationen über das Delphische Orakel zusammen. Vertiefe dein Wissen mithilfe eines Lexikons.

2 Warum möchte Gaia wohl auch nach Delphi reisen?

12 Familienstreit

1 Ein Gespräch unter Sklaven
Übersetze und erstelle danach ein Konjugationsschema für »esse« bzw. »laborare« im Perfekt. Erschließe die fehlenden Formen.

Gallus: »Hodie omnino[1] non laboravi. Fortasse servus bonus non fui, sed negotia non multa fuerunt. Num tu laboravisti?«
Asia: »Ego pecora curavi, etiam aquam apportare debui.«
Servus alius: »Stulti fuistis, dominus non adfuit.«
Gallus: »Nonne nos spectavit? Re vera stultus fui. Cur non in horto iacuimus?«

1 omnino: *hier:* überhaupt

2 Mit einem Wort
Übersetze mit einem Begriff. Gehe dabei von unseren heutigen Vorstellungen aus.

finis belli – negotia servorum – ludus amicorum (Fußball?!) – aqua fluminis – amicus hominum

3 Komposita
Erschließe die Bedeutung.

ad-venire = herbei-kommen; ab-ire = weg-gehen
a) advolare – adire – adducere – apponere – adhaerere
b) abducere – abripere

4 | 1 Stelle alle Wörter zusammen, die zum Sachfeld »Krieg« passen.
2 Bilde kurze Sätze. Lass deinen Nachbarn übersetzen.

5 Pantomime
Notiere fünf Verben. Spiele sie der Klasse vor, die Mitschüler notieren ihre Lösung. Wer errät alle?

6 Wortfix – Nenne zu jedem Bild das entsprechende lateinische Wort.

7 Kauderwelsch
Wähle zehn lateinische Wörter aus. Dein Nachbar muss eine Geschichte erfinden, in der alle vorkommen (auf Deutsch oder Latein).

Familienstreit 12

8 | 1 Präsens oder Perfekt?
Ordne die Verbformen nach Präsens / Perfekt und übersetze sie.

paraverunt – putavimus – sunt – deliberavi – fuisti – paret – fuerunt – licet – curat – debuisti – spectamus – monuit – placuistis – laboro

2 Bilde zu den einzelnen Formen jeweils auch das andere Tempus.

9 Präsens und Perfekt!
Bilde die entsprechenden Präsens- bzw. Perfektformen und übersetze sie.

demonstras –
– aedificavit
praebemus –
– fuerunt
delibero –
– audivistis

10 | 1 Das dicke Ende: Ordne die Personalendungen den Pronomina zu.

ego – tu –	-s – -tis	-imus – -it
is – nos –	– -t – -o –	– -isti – -i
vos – ii	-nt – -mus	– -istis – erunt

2 Konjugiere *monere*, *servare* und *audire* im Präsens und Perfekt. Setze die Pronomina zu den Formen hinzu.

11 Asias Arbeitstag: Bilde die passende Perfektform und übersetze.

a) Asia: »Multa negotia curavi:
– cibum (apportare),
– alios servos (incitare).«
b) Gallus: »Non multum laboravisti:
– caper tibi non (parere),
– servi te non (timere),
– tandem tu dominam vocare (debere).«

12 | 1 Ein Treffen im Garten: Markiere in deinem Heft den AcI mit einer Klammer und übersetze.

Sabinius hortum Seliciorum intrat. Gaia statim videt eum virum pulchrum esse. Et non ignorat etiam se Sabinio placere.
Itaque Sabinium se adire cupit. Sed videt Sabinium resistere. Gaia deliberat: »Sabinium patrem meum timere puto.«

2 Schreibe einen Schluss für die Geschichte.

13 Keine Ruhe für Sextus: Bilde die passenden Perfektformen und übersetze.

Sextus multum (laborare). Postquam cibo bono se (delectare), paulum dormivit[1]. Sed subito Aurelia (intrare): »Nonne me (audire)? Te (vocare). Stulta (esse)! Numquam mihi (parere).«

1 paulum dormire: ein wenig schlafen

10-12 Familienstreit

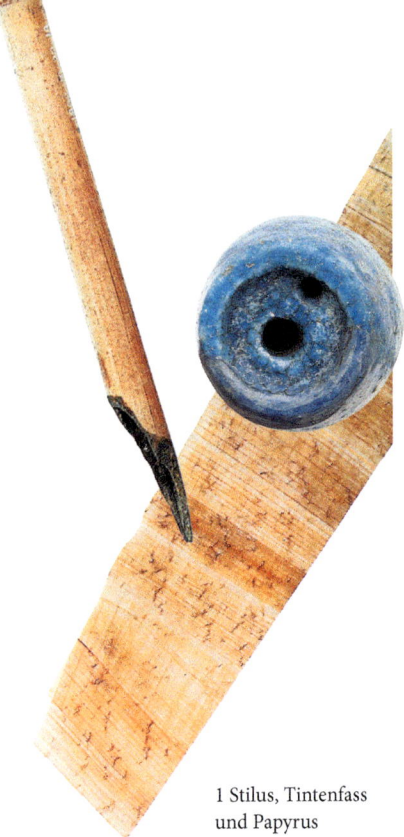

1 Stilus, Tintenfass und Papyrus

Römische Pädagogik

»Was hast du für ein Problem mit mir, du verfluchter Lehrer, du bei Mädchen und Jungen verhasstes Haupt der Schule? Die Kamm tragenden Hähne haben noch nicht die Stille der Nacht unterbrochen, da lärmst du schon herum mit wütendem Getöse …« (Martial, 9,68)

Elementarschule

Keine Frage, bei dieser Schule handelt es sich um eine Elementarschule in der *Subura*. Auf der Straße, notdürftig abgetrennt durch einen Vorhang, versuchte ein schlecht bezahlter Elementarlehrer, Mädchen und Jungen das ABC beizubringen – ein mühsames Unterfangen ohne ausreichendes Lehrmaterial. Wichtigstes Arbeitsmittel war die Wachstafel, in die man mit einem Griffel Buchstaben einkratzte.

Kinder besuchten die Elementarschule in der Regel vom siebten bis zum zwölften Lebensjahr; eine allgemeine Schulpflicht gab es nicht. Der Unterricht begann sehr früh morgens. Um diese Zeit war es noch halbwegs ruhig auf den Straßen und das Unterrichten dadurch weniger anstrengend. Das Schlafbedürfnis der Nachbarn war da nachrangig.

Der Unterricht war die meiste Zeit eintönig und ermüdend. Die Schüler saßen, ihre Wachstafeln auf dem Schoß, auf einfachen Schemeln und übten das Schreiben von Wörtern (oder auch nur Silben), die ihnen der Lehrer vorgab. Fehler wurden nicht selten mit Schlägen bestraft. Viele Lehrer waren nämlich überzeugt, dass Prügel das beste Mittel seien, um Lernfortschritte zu erzielen. Erst der Rhetoriklehrer Quintilian räumte im 1. Jhdt. nach Christus mit dieser irrigen Vorstellung auf. Er forderte, dass die Kinder anhand von vorgefertigten Buchstaben lernen sollten, sinnvolle Wörter zusammenzusetzen. Für ihn war ein *paedagogus* tatsächlich schon ein Lehrer im modernen Sinne.

Grammatikschule

Nach der Elementarschule war für die meisten Kinder, besonders für die Mädchen, Schluss. Nur wer es sich leisten konnte, schickte seinen Sohn zu einem Grammatiklehrer, damit er dort tiefere Kenntnisse der griechischen und römischen Literatur erwerben konnte. Der Unterricht war ähnlich langweilig wie der Elementarunterricht. Texte wurden (vor-) gelesen, besprochen und moralisch bewertet. Gerne bearbeitete man Geschichten aus der römischen Vergangenheit im Unterricht. Beliebt waren die sogenannten *Exempla* (Vorbilder); das waren Menschen, die sich besonders vorbildlich verhalten hatten, wie z. B. Cloelia und Mucius Scaevola; sie waren beide mutig dem Etruskerkönig Porsenna entgegengetreten. Cloelia war deswegen sogar mit einem Reiterstandbild geehrt worden.

Eine tiefergehende Auseinandersetzung mit den Inhalten fand nicht statt. Dafür waren auch im Grammatikunterricht Schläge an der Tagesordnung. Horaz hatte seinen Grammatiklehrer Orbilius sogar als *plagosus*,

2 Frau mit Buchrolle

als »schlagfertig«, beschrieben. Orbilius ist sicher ein Beispiel für die vielen frustierten und schlecht entlohnten Lehrer – er lebte übrigens bis ins hohe Alter in einer armseligen Mansarde.

Im Zentrum der literarischen Arbeit stand natürlich die Mythologie. Dabei wurden auch die Geschichten um Aeneas erzählt. Als Römer war man stolz darauf, Nachfahre der Trojaner zu sein. Jedes Kind in Rom wusste, dass Aeneas mit seinem Vater und seinem Sohn aus dem brennenden Troja entkommen war und in Latium eine neue Heimat gefunden hatte. Von ihm stammen auch die Zwillingsbrüder Romulus und Remus ab, weshalb Aeneas als Ahnherr des römischen Volkes gilt.

Erst kürzlich hatte der Dichter Vergil in einem umfangreichen Epos die Geschichte des Aeneas neu erzählt. Eigentlich hatte Vergil verfügt, dass diese *Aeneis,* weil sie noch nicht endgültig fertig war, nach seinem Tod verbrannt werden sollte. Doch Augustus hatte dies im letzten Augenblick eigenhändig verhindert. Schon wenige Jahre nach Vergils Tod hielt die *Aeneis* Einzug in die Schulen. Dass die *Aeneis* dabei nicht immer nur Begeisterung auslöste, zeigt eine kleine Spottinschrift, die man in Pompeji gefunden hat.

Rhetorikschule

Nur wenigen, vor allem adligen Jungen blieb es vorbehalten, auch noch die dritte Schulphase, die Rhetorikschule, zu durchlaufen. Diese Phase war ein Mittelding zwischen gymnasialer Oberstufe und Jurastudium. Die Schüler lernten die Grundlagen des römischen Rechts kennen, erweiterten ihr Allgemeinwissen und übten die Kunst der Rede (Rhetorik). Denn die Ausbildung in der Rhetorik war wichtige Voraussetzung, um ein öffentliches Amt zu bekleiden.

3 Kapitolinische Wölfin

fullones ululamque

cano non arma virumque

4 Graffiti aus Pompeji: »Tuchwalker und ein Käuzchen besinge ich, nicht Waffen und den Mann«

1 Erläutere die drei Phasen der römischen Schulausbildung.

2 Informiere dich im Internet oder mithilfe eines Lexikons über Cloelia und Scaevola. Trage zusammen, was die beiden Gestalten verbindet, und begründe, weshalb sie sich als Thema in der römischen Schule eigneten.

5 Hausunterricht, Relief von einem Grabmal aus Neumagen

10-12 Familienstreit

Wir bauen weiter ...

Wie du weißt, waren die Römer große Meister im Bauen. Aber sie bauten nicht nur Gebäude, sondern auch Sätze und Wörter.

Wortbildung

Wie im Deutschen kannst du auch im Lateinischen aus zwei Wörtern ein neues zusammensetzen. Diese zusammengesetzten Wörter heißen Komposita (*componere* = zusammensetzen).
Die Römer verbinden sehr oft eine Präposition mit einem Verb:
ab-ire = weg-gehen

So kannst du aus etlichen schon gelernten Wörtern viele neue Wörter bilden. Und das Beste ist: Du weißt oft schon, was sie bedeuten – ohne dass du sie mit viel Aufwand lernen musst!

Manchmal passt sich allerdings die Vorsilbe (=Präfix) lautlich an, wir sprechen dann von Assimilierung. Auch der Vokal kann sich ändern oder, wie es in der Fachsprache heißt, abschwächen, sodass das Wort etwas anders klingt.
ap-portare < ad-portare
ac-cipere < ad-capere

1 Versuche, die fehlenden Bedeutungen zu erschließen:

ire =	gehen	ad-ire =	?
		in-ire =	?
		ex-ire =	?
esse =	sein	ad-esse =	?
		in-esse =	?
portare =	?	ap-portare =	herbeitragen
		im-portare =	?
		ex-portare =	?
fundere =	gießen	ef-fundere =	?

Einrückmethode

Du hast schon zwei Methoden kennengelernt, die dir bei der Übersetzung eines lateinischen Satzes helfen.
    Nun kommt als dritte Methode die Einrückmethode hinzu. Sie hilft dir, bei hypotaktisch gebauten Sätzen (also bei Sätzen, die aus einem Haupt- und einem oder mehreren Nebensätzen bestehen) die Übersicht zu behalten.

Bei der Einrückmethode wird der lateinische Satz grafisch in Hauptsatz (HS) und Nebensätze (NS) unterteilt. Weil der Nebensatz dem Hauptsatz untergeordnet ist, wird er eingerückt.

(HS)   <u>Mars</u>,
(NS 1)   <u>si</u> re vera est pater puerorum,
(HS)   eos servare potest.

Natürlich kann von diesem Nebensatz auch wieder ein Nebensatz abhängig sein – wir sprechen dann von Nebensätzen erster, zweiter, dritter Ordnung. Diese werden dann entsprechend jeweils etwas weiter eingerückt.

So erkennst du Haupt- und Nebensätze
Den Hauptsatz erkennst du daran, dass er alleine stehen kann – bei einem Nebensatz geht das nicht. Wo ein Nebensatz beginnt, erkennst du jeweils am Einleitungswort (z.B. *si, quamquam, quod, quia* …).

Darauf musst du bei der Übersetzung achten
Natürlich kannst du den grafisch aufbereiteten Satz erst einmal wörtlich der Reihe nach wiedergeben:

(HS)   <u>Mars</u>,
(NS 1)   wenn er wirklich der Vater der Jungen ist,
(HS)   kann sie retten.

Allerdings merkst du sicher, dass das auf Deutsch komisch klingt. Das liegt daran, dass die Sprachen Deutsch und Latein manchmal in ihrer Struktur unterschiedlich sind. Für eine gute Übersetzung musst du diesen Unterschied so auflösen, dass es im Deutschen ein richtiger Satz wird. So ziehen wir im Deutschen das Subjekt des Hauptsatzes in den Nebensatz mit hinein:
<u>Wenn</u> <u>Mars</u> wirklich der Vater der Jungen ist, kann er sie retten.

2 Probiere die Einrückmethode einmal selber aus und übersetze den Beispielsatz:

Rhea Silvia, quamquam virgo Vestalis est, geminos filios parit.

Das habe ich schon gelernt:
Ein Kompositum besteht oft aus einer Präposition als Präfix (Vorsilbe) und einem Verb – dieses Wissen hilft mir, die Bedeutung zu erschließen. Die Einrückmethode hilft beim Erkennen von übergeordneten und untergeordneten Sätzen.

10-12 Familienstreit

1 | 1 Mutter Latein und ihre Töchter – Rumänisch: Nenne die lateinischen Ursprungswörter und ihre deutsche Bedeutung.

2 Lass dir die Begriffe von jemandem vorlesen, der Rumänisch kann. Formuliere Ausspracheregeln.

a) ornament – rege – virgină – fluviu – gen – amic – final – pâine

b) a înțelege – a neglija – a simula – a pune – a invita – a răpi – a demonstra

2 | 1 Sprachlabor: Nenne die lateinischen Ursprungswörter und ihre Bedeutung.

2 Erkläre, was die Wörter bedeuten.

a) Novelle, Variante, Monitor, ornamental, Ko-härenz, Simulator, Asservat, volatil

b) Englisch: virgin, notorious, altitude, edifice, deliberately, parents

c) Italienisch: il panificio, idoneo, il fiume, dimostrare

3 Sapientia Romanorum – Übersetze die lateinischen Spruchweisheiten und erkläre sie.

a) Multum, non multa.
b) Vox populi, vox dei.
c) Errare humanum[1] est.
d) Et tu, mi fili!
e) Homo homini lupus[2].

1 humanus, a, um: *Adj. zu* homo – **2 lupus**, i: Wolf

4 | 1 Ordne den Substantiven jeweils die passende Form von »is, ea, id« zu.

2 Setze anschließend die Singularformen in den Plural und umgekehrt.

vestibus – togae – corpori – pretia – cupiditatem – fluminum

eius – eorum – eam – eis – ei – ea

5 | 1 Bilde zu den Substantiven die jeweils passende(n) Form(en) von »is, ea, id«.

2 Setze anschließend die Singularformen in den Plural und umgekehrt.

tabernam – ornamenta – regum – gentis – regno (2) – virgines (2)

6 Ordne die Formen nach Präsens bzw. Perfekt und übersetze.

timuerunt – aedificamus – paratis – demonstravi – invitaverunt – audit – potestis – habuisti – fuistis – simulo – monuit – volant

7 Welche Form passt nicht? Begründe deine Auswahl.

a) is – iis – itis – imus
b) eo – eunt – ei – eius
c) vocavistis – monuistis – resistis – fuistis
d) trahitis – venditis – neglegitis – clamavistis

Familienstreit 10-12

8 Der Raub der Sabinerinnen
Markiere den AcI in deinem Heft mit einer Klammer und übersetze. Achte auf se bzw. eum: Wer ist jeweils gemeint?

a) Amici Romuli dicunt se uxores quaerere. Romulus intellegit eos sine uxoribus diu vivere non posse.
b) Romani dicunt se mulieres rapere debere. Nam constat eas pulchras esse.
c) Sabini dicunt se bellum contra Romanos parare debere. Etiam mulieres Sabinae non ignorant eos bellum parare. Itaque dicunt se viros Romanos amare.

9 Rhea Silvia und ihr Onkel: Wandle die direkte Rede jeweils in einen AcI um und übersetze anschließend.

Rhea Silvia dicit:
a) »Romulus et Remus pueri gemini[1] sunt.«
b) »Mars pater Romuli et Remi est.«
c) »Itaque rex de regno timet.«

Rex dicit:
d) »Ego liberos non habeo.«
e) »Timeo de regno meo.«
f) »Regnum meum servare cupio.«
g) »Liberos necare debeo.«

1 geminus, a, um: Zwilling

10 Quis est? – Ergänze die Sätze inhaltlich und grammatikalisch passend und übersetze.

a) Virgo Vestalis _____ Romulum et Remum parit.
b) Pater eorum _____ est.
c) _____ XII aves[1] videt et intellegit deos se iuvare.
d) _____ bellum contra Romanos parant, quod Romani filias eorum rapuerunt[2].

1 avis, is *f.*: Vogel – **2 rapuerunt:** *Perf. zu* rapere

11 Fehlerteufel: In den folgenden Sätzen hat sich jeweils ein Fehler eingeschlichen. Korrigiere.

a) Beim Grammatiklehrer lernten römische Kinder die Redekunst.
b) Modebewusste Römer trugen eine Toga mit Purpursaum.
c) Schon im Kindesalter wurden Jungen und Mädchen für das Priesterkollegium der Vesta ausgewählt.

12 Überblick: Schreibe die Geschichte nach der Einrückmethode in dein Heft. Bestimme dann die Satzbausteine und übersetze.

Romulus: »Quamquam urbem pulchram aedificavimus, uxores non habemus. Sed non ignoramus nos, si liberi nobis non sunt, non per multos annos vivere posse. Itaque a Sabinis, quia eorum mulieres formosae[1] sunt, uxores rapere debemus.«

1 formosus, a, um: schön

13 Erfolg und Niederlage

Der Laden läuft!

Die Selicii bekommen Besuch vom Händler aus der Subura, dessen Geschäft ausgebrannt ist.

Mercātor: »Salvē, Selicī!«

Sextus Selicius: »Salvē! Cūr ad mē vēnistī?«

Mercātor: »Vēnī, quod grātiās tibī agere cupiō. Nūper taberna mea ārsit. Vigilēs[1], quamquam magnā virtūte flammās exstīnxērunt, tamen mercēs meās servāre nōn iam potuērunt. Incendium bona mea dēlēvit, nihil praeter vītam nōbīs remānsit.«

Sextus Selicius: »Mārcus fīlius mē adiit et nārrāvit miseriam tuam magnam esse.«

Mercātor: »Dēspērāvimus dē calamitāte nostrā. Uxor deōs implōrāvit, līberī flēvērunt. Cōnspectum[2] tabernae dēlētae tolerāre nōn potuimus. Tū autem beneficia mihī tribuistī pecūniamque dedistī. Eā pecūniā tabernam restituī: Laterculōs[3] ruptōs remōvī, novīs laterculīs[3] mūrōs reparāvī. Dēnique tabernam mercibus novīs complēvī. Nunc etiam plūs hominum tabernam frequentant[4] quam anteā. Et – lucrum rūrsus faciō.«

Sextus Selicius: »Libenter tibī affuī. Dīc[5] amīcīs tuīs Sextum Selicium virum bonum esse et fāmam meam augē!«

Mercātor: »Familiam meam servāvistī. Itaque dōnum tibī apportāvī: Fortasse tibī opus est veste novā?«

Sextus Selicius: »Vae[6] mihī! Vestēs, vestēs, iterum vestēs!«

1 vigilēs: *hier:* Feuerwehrleute
2 cōnspectus: Anblick
3 laterculus, ī: Ziegelstein
4 frequentāre: oft besuchen
5 dīc: *Imperativ zu* dīcere
6 Vae!: Wehe

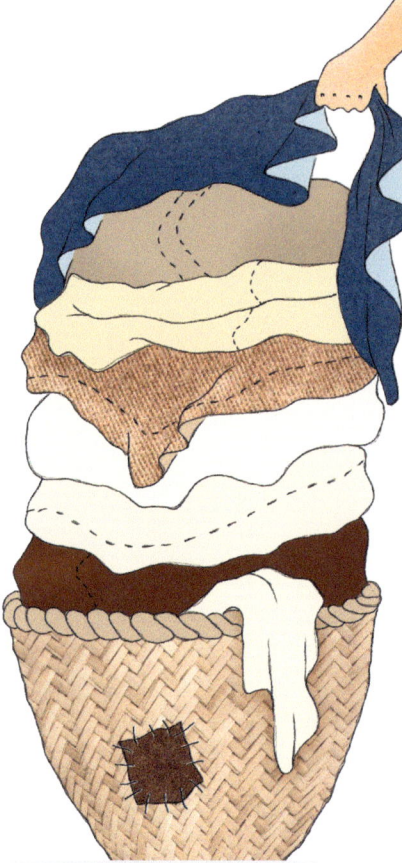

1|1 Äußere anhand der Überschrift und des Einleitungstexts Vermutungen über den Inhalt des Textes.

2 Benenne die Textsorte. Erläutere, welche typischen sprachlichen Merkmale zu erwarten sind.

2 Beschreibe die Beziehung zwischen Sextus Selicius und dem Händler. Nenne den Schlüsselbegriff.

3 Welche Hilfe könnte der Händler heute in Anspruch nehmen?

Patron und Klient

Vor Tagesanbruch herrscht bereits lebhaftes Treiben im Haus eines reichen Römers: Aus ganz Rom kommen *clientes* zur morgendlichen Begrüßung ihres *patronus*. *Clientes* sind römische Bürger aus dem Mittelstand, die oft seit Generationen im Patronatsverhältnis einer Adelsfamilie stehen. Viele Klienten zu haben ist wichtig, denn sie bedeuten Wählerstimmen. Dafür gewährt der Patron ihnen Rechtsschutz, setzt sich politisch für sie ein und unterstützt sie materiell. Nach der Begrüßung bricht er in ihrer Begleitung zum Morgenspaziergang über das Forum auf. Jeder soll sehen, wie viele Klienten er hat.

*So eine Schweinerei!

Bei einem Spaziergang durch die Stadt sieht Marcus plötzlich Schreckliches: Sein Freund Gaius wird von mehreren Jungen erpresst!

»Dā nōbīs pecūniam tuam!« – »Nūper iam vōbīs dedī omnia[1]!«

Statim Mārcus puerōs adiit et magnā vōce clāmāvit: »Ē … Abīte, latrōnēs[2]!« Puerī abiērunt.

Amīcus remānsit, tacuit, flēvit. Tandem »Grātiās« inquit »tibī agō!«

5 Mārcus amīcum monuit: »Iī puerī nihil nisī[3] mala faciunt. Eīs pecūniam dare nōn dēbēs!«

Gāius: »Sed eōs timeō. Dēspērātus sum. Nihil facere possum. Neque virtūs neque vīrēs magnae mihī sunt.«

Mārcus diū dēlīberāvit, tacuit, tum ex-clāmāvit: »Opus est nūllam
10 pecūniam, sed dōnum eīs dare! Dōnum idōneum … Vōsne domī[4] porcum[5] habētis?«

Proximō diē[6] puerī rūrsus vēnērunt, sed pecūniam capere nōn potuērunt: Nam postquam Gāius sīgnum dedit, Mārcus stercus[7] porcī[5] dē mūrō iactāvit[8].

1 omnia *(Akk. Pl.):* alles
2 latrō, latrōnis *m.:* Räuber
3 nihil nisī: nur
4 domī: zu Hause
5 porcus, ī: Schwein
6 proximō diē: am nächsten Tag
7 stercus, oris *n.:* Kot; Mist
8 iactāre: werfen

1   Beschreibe die Reaktion von Gaius (Z. 4–8) und beurteile sie.
2   Diskutiert in der Klasse, was ihr in einer solchen Situation tun könntet.

13 Erfolg und Niederlage

1 Nach dem Rendezvous
Übersetze und beschreibe dann die neuen Erscheinungen.

Gaia Paullae sorori de T. Sabinio narrat: »T. Sabinius in hortum venit, statim arsi. Sed eum adire non potui. T. Sabinius me adiit, donum dedit, dixit se familiam nostram amare. Paene flevi[1]!«

1 **paene flevi:** fast hätte ich geweint

2 Glück im Unglück!
Übersetze und beschreibe dann die neuen Erscheinungen.

Taberna mercatoris arsit. Flammae bona familiae deleverunt. Mercator spectavit
– tabernam deletam,
– hortum deletum,
– merces deletas.

3 | 1 Stelle alle lateinischen Wörter zusammen, die du brauchst, um das Bild zu beschreiben.

2 Bilde kurze lateinische Sätze und lass deinen Nachbarn übersetzen.

4 Eselsbrücken
Überlege dir (mit deinem Nachbarn) Eselsbrücken zu folgenden Wörtern:

a) virtus
b) beneficium
c) calamitas
d) cupiditas
e) negotium
f) officium
g) salus

5 Für Sprachforscher: Was bedeuten wohl folgende Wörter? Nenne das lateinische Ursprungswort und seine Bedeutung.

a) Englisch: to extinguish – to remain – calamity – tribute – to remove – to complete
b) Französisch: plus que – désespéré (Adj.) – mur – bénéfice – éruption – fameux (Adj.)

6 Kleine Wörter – große Wirkung!
Gib die Bedeutung an und finde Eselsbrücken.

a) quam – quia – quid
b) aqua – antea – atque – autem
c) praeter – per – pater – ergo – ego
d) nunc – nuper – numquam – nihil – mihi
e) cum – tum – num – vis – vir – virtus

7 Stammformen
Gib die Bedeutung an und bilde die Stammformen.

desperare – reparare – monere – rumpere – restituere – remanere – removere – tribuere – augere – complere – exstinguere

Erfolg und Niederlage 13

8 Sortiere die Formen und übersetze sie.

Präsens	Perfekt	PPP

servavisti – possumus – habeo – exstinctum – imploravit – remansistis – ruptum – ago – tributum – facimus – fleverunt – dictum – potuerunt – opus est – completum – desperat

9 Welches Verb steckt dahinter?
Bilde den Infinitiv und die fehlenden Stammformen.

compleo – datum – tribui – rumpo – deletum – dixi – factum – auxi – aditum – remotum

10 Abgebrannt! Übersetze.
  a) Incendium tabernam delevit.
  b) Mercator flevit.
  c) Multi homines venerunt.
  d) Turba bona deleta removit.
  e) Sextus Selicius mercatori pecuniam tribuit.
  f) Mercator tabernam restituit.
  g) Tabernam mercibus novis complevit.

11 Wie du mir, so ich dir
Bilde Sätze, in denen Sextus Selicius und der Händler berichten, was sie getan haben. Ergänze Adjektive oder Adverbien. Übersetze.

Sextus: beneficium tribuere – pecuniam dare – familiam servare
Mercator: murum reparare – tabernam mercibus complere – gratias agere

12 | 1 Marcus in der Klemme! Markiere in deinem Heft die AcIs mit einer Klammer und übersetze.

Marcus cum filio mercatoris ludere cupivit. Mater pueros Gallo servo adesse putavit. Re vera autem Marcus amicusque muro deleto appropinquaverunt[1].
Subito murus rumpit. Amicus Marcum sub laterculis[2] iacere videt. Constat Marcum se movere non posse. Quid nunc?

1 appropinquare + *Dat.*: sich nähern –
2 sub laterculis: unter den Steinen

2 Erkläre den auffälligen Tempuswechsel.
3 Erzähle die Geschichte auf Deutsch zu Ende.

14 Erfolg und Niederlage

Gerüchte am Badetag

Marcus und sein Vater gehen einem typisch römischen Zeitvertreib nach: Sie besuchen die Thermen. Im Warmwasserbad trifft Marcus seinen Freund Publius, der neue Gerüchte aus der Provinz Gallien zu berichten hat.

Pūblius: »Iamne audīvistī dē clāde Lolliī?«

Mārcus: »Minimē. Nārrā!«

Pūblius: »Trēs[1] nātiōnēs Germānōrum Rhēnum[2] trānsiērunt et in Galliā[3] mīlitēs Rōmānōs petīvērunt. Mārcus Lollius imperātor Germānōs
5 repellere nōn potuit. Mīlitēs nostrī, quamquam magnā virtūte contendērunt, dēnique sē recēpērunt.«

Mārcus: »Vae! Ea patrī nārrāre dēbeō!«

Mārcus patrem in tepidāriō[4] invenit, ubī servus tergum eius oleō perunguit[5]. »Pater«, eum adit, »modo comperī trēs[1] nātiōnēs
10 Germānōrum Rhēnum[2] trānsīsse et mīlitēs Rōmānōs petīvisse. Pūblius dīxit Germānōs cōpiās nostrās vīcisse.«

Sextus »Vix« inquit »crēdere possum. Mārcus Lollius imperātor praeclārus est.« Rūrsus voluptātī sē dat.

Sed servus dēsinit tergum fricāre[6]: »Egō quoque eam fāmam accēpī.
15 C. Calvīsius Sabīnus senātor modo nārrāvit Germānōs legiōnem Rōmānam fūdisse. Contendit eōs etiam aquilam[7] nostrīs ēripuisse.«

Mārcus clāmat: »Aquilamne[7] nōbīs ēripuērunt? Indignum est mīlitēs Rōmānōs tantam clādem accēpisse!«

Sextus: »Nōn oportet Augustum eam calamitātem tolerāre. Spērō
20 imperātōrem aquilam[7] recuperāre[8] posse! Perge, serve!«

1 **trēs:** drei
2 **Rhēnus, ī:** Rhein
3 **Gallia, ae:** Gallien *(in etwa heutiges Frankreich)*
4 **tepidārium, ī:** *Raum in den Thermen mit Warmwasserbad und Massage*
5 **oleō perunguere:** mit Öl einreiben
6 **fricāre:** massieren
7 **aquila,** ae: Legionsadler
8 **recuperāre:** wiedergewinnen

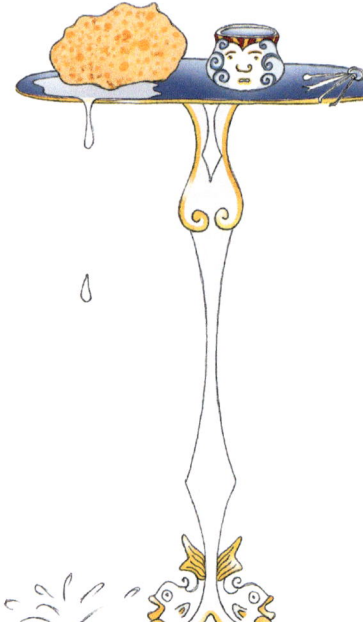

1   Äußere Vermutungen über den Inhalt des Gerüchts (Z. 3–6): Um welche Personen(gruppen) geht es? Welches Sachfeld beherrscht den Text?
2   Vergleiche die Zeilen 3 ff. und 9 ff. Was hat sich geändert?
3   Benenne, was Sextus Selicius von Kaiser Augustus erwartet. Erläutere, was du daraus über das römische Selbstverständnis erfährst.
4   Beschreibe, welche Funktion Thermen im Leben eines Römers hatten. Nutze dazu Informationen aus dem Bild und den Text auf S. 92 f.

Legionsadler

Welche Katastrophe! Die Germanen haben Lollius die *aquila* (Legionsadler) der 5. Legion entrissen. Der Verlust einer *aquila* galt als große Schande. Für die Römer war die *aquila* das Symbol des Juppiter Capitolinus und damit mehr als nur ein Feldzeichen. Sie zu verlieren war demzufolge eigentlich das Schlimmste, was einem römischen Heer in einer Schlacht widerfahren konnte. Jede Legion besaß eine *aquila*. Sie bestand aus vergoldetem Silber (später ganz aus Gold) und wurde der Legion auf einer langen Stange vorangetragen. Ihr Anblick sollte den Legionären Kraft und Mut im Kampf geben.

*Wer was erlebt, hat viel zu erzählen

Nach der Schule trifft sich Marcus gerne mit seinem Freund in den Thermen. Nach dem Warmwasserbad lassen sich die beiden Jungen erst einmal auf Liegen nieder und sind gerade eingeschlafen.

Subitō vōx patris procul[1] sonuit[2] et Mārcum ē somnō[3] ēripuit: »Mārce, ubī es? Tē quaerō!«

Mārcus patrī nōn respondit[4]. Ad amīcum autem: »Hodiē magister[5] mē verberāvit. Nam multa nārrāvit dē gentibus Germānōrum, sed egō nōn audīvī … Abeō in caldārium[6], dum[7] pater adest.«

Ibi servus Mārcum adiit et dīxit: »Audīvī verba vestra. Germānus sum. Itaque tibī multa nārrāre possum, sī id cupis.«

Tum servus puerō nārrāvit dē nātiōnibus Germānōrum et dē vītā suā. Etiam nārrāvit dē mīlitibus legiōnibusque Rōmānīs, dē bellō, dē miseriā Germānōrum. Nārrāvit mīlitēs Rōmānōs vīcum[8] suum adiisse multōsque necāvisse: »Magnā virtūte pūgnāvimus, sed vincere nōn potuimus. Rōmānī nōs cēpērunt[9]. Itaque nunc servī sumus.«

1 **procul:** in der Ferne
2 **sonāre,** sonuī: (er)tönen
3 **somnus, ī:** Schlaf
4 **respondit:** *Perfekt von* respondēre
5 **magister,** magistrī: Lehrer
6 **caldārium, ī:** Warmwasserbad
7 **dum:** während
8 **vīcus, ī:** Dorf
9 **cēpērunt:** *Perfekt zu* capere

1 Erläutere, warum Marcus nicht auf seinen Vater treffen möchte.
2 Spielt das Gespräch zwischen Marcus und dem Sklaven nach. Stellt euch vor, wie das Leben in Germanien gewesen sein könnte.

Infinitiv Perfekt; Vorzeitigkeit im AcI

14 Erfolg und Niederlage

1 Eine hoffnungslose Situation?
Marcus ist vom Spielen nicht nach Hause gekommen. Die Familie macht sich Sorgen. Übersetze und beschreibe dann die neuen Erscheinungen.

Subito amicus venit, narrat …
- Marcum sub[1] muro iacere et auxilium exspectare.
- Marcum tabernam mercatoris petivisse.
- murum rupisse.
- nunc Marcum se movere non posse.
- se ei auxilium praebuisse.
- vires suas parvas[2] fuisse.

1 sub (+ *Abl.*): unter – **2 parvus,** a, um: (zu) klein

2 Sachfeld: Soldatenleben
Stelle alle Wörter zusammen, die das Leben und die Aufgaben von Soldaten beschreiben. Erstelle eine Mindmap.

3 Rap – Vokabeln mit Pepp!
Bringe mindestens fünf neue und fünf bereits bekannte Vokabeln in einem Rap unter. Trage diesen der Klasse vor.

4 Ein Wort – viele Bedeutungen
Wähle die jeweils passende Übersetzung.
- Gallus magna vi cum capro contendit.
- Gallus caprum movere contendit.
- Avus semper liberos parere debere contendit.
- Liberi se caprum curavisse contendunt.
- Sextus in forum contendit.

5 Eselsbrücken
Lies dir den Text »Gerüchte am Badetag« durch und notiere alle Vokabeln, die du nicht kennst. Ermittle die Grundform und frage deinen Partner nach der Bedeutung oder schlage nach. Überlegt euch gemeinsam Eselsbrücken für alle Wörter.

6 Wortfix: Nenne zu jedem Bild das entsprechende lateinische Wort.

Erfolg und Niederlage 14

7 Infinitiv Perfekt
Nenne den Infinitiv Präsens und seine Bedeutung.

audivisse – dedisse – accepisse – petivisse – transisse – vicisse – fudisse – toleravisse – recepisse – perrexisse – desiisse – fuisse

8 Infinitive gesucht!
Nenne zu den PPP-Formen den Infinitiv Präsens und den Infinitiv Perfekt.

narratum – ereptum – compertum – contentum – creditum – repulsum

9 Die Kasus-Connection
Nenne zu den Substantiven die Grundform und die Deklination. Bestimme Kasus, Numerus und Genus.

cladem – copiarum – nationes repellere – cum militibus – imperatori – legionis – verba audire – calamitas – amicis dicere – vis

10 Tabu! – Infinitive und AcI
Bildet Zweierteams. Immer abwechselnd erklärt einer von euch seinem Partner einen grammatischen Begriff, ohne diesen zu nennen. Für jeden erratenen Begriff gibt es einen Punkt. Welches Team gewinnt?

11 Zeitverhältnis I – die lieben Schwestern
Bestimme das Zeitverhältnis und übersetze.

Marcus narrat …
– sorores stultas esse.
– eas nuper ludum Romuli non comprehendisse.
– eas etiam ›murum‹ silicibus[1] aedificavisse.
– tandem Paullam Gaiam stultam vocavisse.
– nunc se silentium cupere.

1 **silex,** silicis *m.:* Kieselstein

12 Zeitverhältnis II – eine neue Freundin
Bestimme das Zeitverhältnis und übersetze.

Paulla se cum avo forum adiisse narrat. Etiam aliam puellam affuisse dicit. Mater Paullam amicam novam invenisse comprehendit. Sed nunc Paullam frumentum apportare iubet. Nam liberos sibi adesse exspectat. Puellas probas negotia semper curare dicit.

13 Marcus Lollius und die Germanen
Ergänze den passenden Infinitiv und übersetze.

accepisse – esse – quaerere – contendisse – vicisse

Marcus Paullae fabulam Lollii narrat. Dicit …
– M. Lollium imperatorem Romanorum _____.
– legionem eius cladem malam _____.
– milites Romanos magna virtute _____.
– tamen Germanos _____.
– nunc Augustum imperatorem novum _____.

Infinitiv Perfekt; Vorzeitigkeit im AcI | 91

13–14 Erfolg und Niederlage

1 Hypokausten

2 »Der Schaber von Lysipp«

Heimliche Leidenschaft

Marcus Vipsanius Agrippa (64–12 v.Chr.): Feldherr, engster Vertrauter und Schwiegersohn des Augustus – und genialer Architekt. Er hat sich viele Verdienste erworben, aber seine größte Leidenschaft galt dem Bauen. Noch heute wird der bekannteste Brunnen Roms, die *Fontana di Trevi* (das ist der Brunnen, in den man die Münzen wirft), von einer Wasserleitung gespeist, die Agrippa konstruiert hat. Sie heißt *Aqua Virgo* (Jungfrau), weil durch sie reinstes Quellwasser fließt. Zwar gab es schon vorher Wasserleitungen in Rom, aber mit der *Virgo* kam so viel sauberes Wasser nach Rom, dass Agrippa nun ganz neuartige *thermae* bauen konnte. Sie sollten nicht nur der Körperreinigung, sondern auch der Freizeitgestaltung dienen. Zwar gab es schon vorher zahlreiche Badeanstalten in Rom, aber deren Ausstattung war noch meilenweit von dem entfernt, was wir mit römischer Badekultur verbinden.

Die Thermen des Agrippa

Der Name *thermae* stammt aus dem Griechischen und bedeutet Warmbad. Wenn man Glück hatte, konnte man dazu warmes Wasser aus Thermalquellen (wie beispielsweise in Aachen) gewinnen. Ansonsten musste das Wasser vor Ort aufwändig mit Holzkohle erhitzt werden. Diese Hitze nutzte man gleichzeitig für die sogenannte Hypokaustenheizung, bei der heiße Luft durch einen Zwischenraum zwischen Fußboden und Fundament und teilweise über Wandröhren in die Höhe geleitet wurde. Auf diese Weise konnte man die Räume so erwärmen, dass sie auch für Dampfbäder und Saunen genutzt werden konnten. Nicht ohne Grund nannte Agrippa daher seine ersten großen *thermae* auch *laconicum* (Warmluftsauna).

Nun hat der Name *laconicum* eigentlich überhaupt nichts mit Sauna zu tun, aber Agrippa wählte ihn, um an die Badekultur der Spartaner (= Lakonier) zu erinnern. Seiner Meinung nach betrieben sie die kultivierteste Form der Körperpflege, weil sie nach dem Dampfbad mit Hilfe eines Striegels zusammen mit dem Schweiß auch Verunreinigungen der Haut abschabten. Dieser Bezug war Agrippa so wichtig, dass er im Eingangsbereich sogar die berühmte Statue des »Schabers« (griech. *apoxyomenos*) von dem spartanischen Bildhauer Lysipp aufstellen ließ.

Das *laconicum* war Teil einer groß angelegten Tempel- und Sportanlage im *Campus Martius*. Zu Baubeginn war der *Campus Martius* ein sumpfiges Gelände, das erst noch trockengelegt werden musste. Heute befinden sich hier weite Teile der römischen Altstadt.

Ausstattung der Thermen

Zu gut ausgestatteten Thermen gehörten ein *frigidarium* (Kaltwasserbad), ein *caldarium* (Heißwasserbad), ein *tepidarium* (Wärmeraum) und das *laconicum*. Dazu konnte man sich massieren lassen, in der *palaestra* Sport treiben, essen, Kontakte knüpfen, Gespräche führen und (dabei) die wasserbespülten – ein Luxus! – Toilettenanlagen nutzen. Es gab übrigens

Erfolg und Niederlage 13–14

auch die Möglichkeit, sich rasieren oder die Körperhaare epilieren zu lassen (sehr unangenehm!). Ein unrasierter und behaarter Körper war für Römer nämlich absolut untragbar. Im Eingangsbereich befand sich das *apodyterium*. Hier legte man seine Kleidung ab und zog sich wegen des heißen Fußbodens Holzpantinen an. Da Kleidung sehr wertvoll war und immer wieder gestohlen wurde, ließ man sie entweder durch einen mitgebrachten Sklaven oder einen angestellten *capsarius* bewachen.

Freizeitvergnügen für Jedermann
Das Baden in Thermen war für die Römer das Freizeitvergnügen schlechthin. Die Eintrittspreise waren für jeden erschwinglich. Oft wurden die Thermen von reichen Römern finanziert. Dann brauchte man gar nichts zu bezahlen. Das galt auch für das Agrippa-Bad. Agrippa hatte darüber hinaus verfügt, dass nach seinem Tod die laufenden Kosten für das Bad aus seinem Nachlass finanziert werden sollten und der Eintritt auch weiterhin frei bleiben solle.

3 Ölfläschchen und Striegel

1 *Aqua Virgo – laconicum – thermae:* Erläutere diese Begriffe aus dem Textzusammenhang.
2 Suche auf der Karte im Einband das Marsfeld und informiere dich über die eingezeichneten Gebäude.

4 Holzpantoffeln

6 Römische Thermen, Bath in Südengland

5 Frauen bei gymnastischen Übungen

Thermen und Wasserversorgung | 93

13–14 Erfolg und Niederlage

Die Gerüchteküche kocht …

Textvorerschließung

Auf den Methodenseiten 7–9 hast du schon einiges über Textvorerschließung erfahren. Jetzt wollen wir dir am Beispiel des Lektionstextes 14 nochmal etwas ausführlicher zeigen, wie hilfreich eine Textvorerschließung sein kann:

Marcus und sein Vater gehen einem typisch römischen Zeitvertreib nach: Sie besuchen die Thermen. Im Warmwasserbad trifft Marcus seinen Freund Publius, der neue Gerüchte aus der Provinz Gallien zu berichten hat.

Publius: »Iamne audivisti de clade Lollii?«
Marcus: »Minime. Narra!«
Publius: »Tres nationes Germanorum Rhenum transierunt et in Gallia milites Romanos petiverunt. Marcus Lollius imperator Germanos repellere non potuit. Milites nostri, quamquam magna virtute contenderunt, denique se receperunt.«
Marcus: »Vae! Ea facta patri narrare debeo!«
Marcus patrem in tepidario invenit, ubi servus tergum eius oleo perunguit. »Pater«, eum adit, »modo comperi tres nationes Germanorum Rhenum transisse (…). Publius dixit Germanos copias nostras vicisse.«

5

10

Indem du dein Augenmerk auf bestimmte sprachliche Erscheinungen richtest, gewinnst du eine erste Vorstellung vom Inhalt des Textes – und erleichterst dir damit die Übersetzung. In diesem Textabschnitt kannst du vor der Übersetzung bereits Folgendes erschließen:

1) **Situation:** Die erste Frage, die man an einen Text stellen sollte, ist die nach dem Ort des Geschehens. Hier erfährst du bereits aus dem Einleitungstext, dass sich Marcus und sein Vater in den Thermen befinden.

2) **Textsorte:** Du erkennst auf den ersten Blick, dass sich mehrere Personen im Text unterhalten. Es handelt sich folglich um eine Unterhaltung, einen Dialog in den Thermen. Dieser Dialog ist Teil einer Rahmenhandlung (ab Z. 8). Seinen Inhalt kennst du allerdings noch nicht.

3) **Gesprächsinhalt:** Einen ersten Anhaltspunkt, worum es in einem Text geht, geben dir die genannten Personen. In diesem Fall sind es ein *Imperator Marcus Lollius,* drei Germanenstämme *tres nationes Germanorum* und römische Soldaten *milites Romanos.*

Der Ausdruck *milites Romanos* lässt vermuten, dass von einer Schlacht erzählt wird. Dies wird durch das Schlüsselwort des Textes *de clade* (Z. 1) untermauert. Die Vermutung bestätigt sich, wenn du dir die Prädikate des zentralen Sachfeldes ansiehst, die alle mit Kriegführung zu tun haben.

Das ist aber noch nicht alles: Es gibt nämlich auch andere Übersetzungshilfen in diesem Text. Wenn du ihn noch einmal durchsiehst, findest du weitere Hinweise:
- Einzelne Informationen eines Textes sind in der Regel logisch miteinander verbunden; diese Verbindungen nennt man Konnektoren – das sind kleine Wörter im Text, die dir Informationen über diese Beziehung geben. Du erfährst beispielsweise, ob etwas sofort, später oder deswegen passiert, so in Z. 5f., in der die Soldaten, obwohl *(quamquam)* sie irgendetwas tun, schließlich doch *(denique)* …
- Marcus will seinem Vater erzählen, was er erfahren hat *(modo comperi)*. Wenn du mehrere solche Verben des Sagens / Meinens findest, solltest du verstärkt auf AcI-Konstruktionen achten.

1 Suche im Lektionstext weitere Verben des Sagens / Meinens und nach AcI-Konstruktionen. Vielleicht fällt dir dabei sogar auf, dass sich die Wortwahl allmählich verändert: Die Gerüchteküche kocht …

Übersetzungsmethoden: AcI

In den letzten Lektionen hast du den AcI als typisch lateinische Konstruktion kennengelernt und deine Kenntnisse nach und nach vertieft. Diese Zusammenfassung kann dir helfen, bei der Übersetzung systematisch vorzugehen.

1. **Erkennen:** Ein erster Anhaltspunkt, dass du mit einem AcI rechnen und danach schauen solltest, sind die AcI-Auslöser (Verben der Wahrnehmung, des Sagens und Meinens und unpersönliche Ausdrücke).

2. **Analysieren:** Um den Überblick zu behalten, setzt du Klammern um den AcI und unterstreichst den Subjektsakkusativ und den Infinitiv. Als zusätzliche Hilfe kannst du auch für die Satzanalyse im AcI die gewohnten Farben benutzen.

<u>Publius</u> <u>dixit</u> [<u>Germanos</u> copias nostras <u>vicisse</u>].
- Sieh dir nun den Infinitiv genauer an: Infinitiv Präsens oder Infinitiv Perfekt? Hier steht ein Infinitiv Perfekt, die Handlung im AcI ist also vorzeitig, d.h. sie ist passiert, bevor Publius davon erzählt.
- Zusätzlich solltest du darauf achten, ob im AcI ein reflexives Pronomen vorkommt (z.B. se, sibi, secum, suus …). Falls ja, musst du aufpassen (s. Grammatik, S. 165).

3. **Übersetzen:** Na, das geht doch jetzt von selbst …

Das habe ich schon gelernt:
Durch die Textvorerschließung kann ich einen Übersetzungstext grammatisch und inhaltlich vorentlasten.

13–14 Erfolg und Niederlage

1 | 1 Mutter Latein und ihre Töchter – Spanisch: Nenne die lateinischen Ursprungswörter und ihre deutsche Bedeutung.

2 Lass dir die Wörter von jemandem vorlesen, der Spanisch kann. Formuliere Aussprachregeln.

a) la gracia – la nación – la legión – el muro – la calamidad – la beneficencia

b) esperar – repeler – completar – recibir

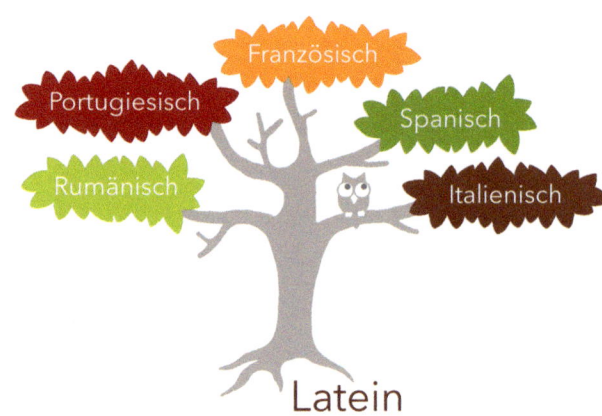

2 | 1 Fremdwortspezialist: Nenne die lateinischen Ursprungswörter und ihre Bedeutung.

a) in Kalamitäten kommen
b) das Quartett komplettieren
c) eine Transitgebühr bezahlen
d) bei jemandem Kredit haben

2 Erschließe, was das Fremdwort in den Wendungen bedeutet.

3 Sapientia Romanorum – Übersetze die lateinischen Spruchweisheiten und erkläre sie.

a) Credo, quia absurdum[1] (est).
b) Sine ira et studio[2].
c) Veni, vidi[3], vici.
d) Ubi periculum[4], ibi lucrum.

[1] **absurdus,** a, um: *vgl. dt. Fremdwort* – [2] **studium,** i: Eifer – [3] **vidi:** *Perf. zu* videre – [4] **periculum,** i: Gefahr

4 | 1 Bilde die Stammformen zu folgenden lateinischen Verben:

adire – vocare – augere – recipere – comperire – pergere – credere – eripere – adesse

2 Bilde auch die deutschen Stammformen.

adire: herangehen – (ich) gehe heran – (ich) ging heran – herangegangen

5 Welche Form passt nicht? Begründe deine Auswahl.

a) contendit – reppulit – eripit – credit
b) rupistis – tribuitis – dicitis – exstinguitis
c) dedimus – petimus – recepimus
d) repellunt – fleverunt – fecerunt – venerunt
e) ereptum – tantum – perrectum – speratum

6 Bestimme die Perfektformen und übersetze sie. Ordne ihnen die entsprechenden Präsensformen zu.

adisti – contenderunt – credidi – deliberavimus – exstinxit – monuistis

credo – monetis – adis – contendunt – deliberamus – exstinguit

7 | 1 Bilde zu den Präsensformen die entsprechenden Perfektformen und übersetze diese.

2 Bilde zu den Verbformen den Infinitiv Präsens und den Infinitiv Perfekt.

remanes – restituunt – desperat – sum – rumpitis – tribuimus

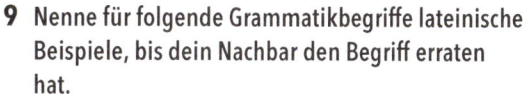

8 Welche Form passt nicht? Begründe deine Auswahl.

a) terga – gratia – fama – copia
b) calamitatis – beneficii – muri – legioni
c) Germanis – copiis – equitis – nostris
d) clades – miles – nationes – voluptates
e) famas – amicas – calamitas – gratias

9 Nenne für folgende Grammatikbegriffe lateinische Beispiele, bis dein Nachbar den Begriff erraten hat.

Präposition – i-Konjugation – Ablativ – Infinitiv Perfekt – Partizip Perfekt Passiv – Personalpronomen

10 Entscheide, ob die Sätze den Infinitiv Präsens oder Perfekt verlangen und ergänze sie. Übersetze.

Marcus narrat …

a) … milites Romanos nuper magnam cladem _____.
b) … Lollium imperatorem Germanos repellere non _____.
c) … Augustum quoque eam famam _____.
d) … novum imperatorem autem in Germaniam _____.
e) … nunc copias magna virtute _____.
f) … Germanos tandem se _____.
g) … Romam tandem tutam[1] _____.

[1] **tutus,** a, um: sicher

11 | 1 Recherchiert, wo ihr in erreichbarer Nähe Ausgrabungen römischer Thermen besichtigen könnt und plant einen Klassenausflug.

2 Bereitet ein kurzes Referat vor, in dem ihr folgende Begriffe verwendet und erklärt:

Apodyterium – Caldarium – Frigidarium – Hypokaustenheizung – Palaestra – Striegel – Tepidarium – Toiletten

12 Wende die Methode der Textvorerschließung auf den Lektionstext 13 an. Versuche dabei folgende Sachverhalte zu klären:

Situation – Textart – beteiligte Personen – zentraler Inhalt – Konnektoren – AcI-Signalwörter

15 Hochzeit

Vollendete Tatsachen

Während die Weltpolitik viele in Atem hält, geht das »normale« Leben der Selicii in den nächsten Wochen seinen gewohnten Gang. Gaia und Titus Sabinius sitzen im Garten und lernen sich näher kennen.

T. Sabīnius: »Quōmodo audīvistī patrēs nūptiās parāre?«

Gāia: »Cum patrēs convēnērunt, egō cum mātre in *thermīs* eram. Postquam domum vēnimus, Mārcus et Paulla nārrāvērunt hospitem affuisse et multa cum patre ēgisse. Iterum atque iterum dīcēbant: ›Nōs
5 iam scīmus, sed tū nescīs.‹ Et semper rīdēbant. Tum intellēxī … – Et tū, quandō accēpistī?«

T. Sabīnius: »In hortō litterīs Graecīs studēbam, cum subitō pater vēnit. ›Quid agis, Tīte?‹ quaesīvit ex mē. – Respondī: ›Legēbam fābulam amōris: Daphnē virgō Apollinī nūbere nōn vult[1], sed deō puellam in
10 mātrimōnium[2] dūcere placet …‹
Alia nārrāre voluī[3], sed pater ›Optimē[4]!‹ inquit. ›Tū quoque mox uxōrem conveniēs[5]! Herī tuā causā[6] Rōmae[7] fuī. Sextum Selicium amīcum, virum honestum, convēnī. Dōtem amplam prōmīsit et Gāia, fīlia eius, vērē est pulchra.‹«
15 Gāia: »Ō! Tāliane[8] dīxit!?«

T. Sabīnius: »Rē vērā egō dīxī. – Ah, et pater mē iussit tibī dōnum dare …«

1 **vult:** er will
2 **mātrimōnium, ī:** Ehe
3 **voluī:** ich wollte
4 **optimē:** prima
5 **conveniēs:** du wirst treffen
6 **tuā causā:** deinetwegen
7 **Rōmae:** in Rom
8 **tālia:** so etwas

1|1 Übersetze den ersten Satz und formuliere erste Erwartungen zum Inhalt des Texts.
  2 Lies den Informationstext und vergleiche die römischen Sitten mit unseren modernen.
2 Fasse in eigenen Worten den Bericht von Gaia und Titus Sabinius zusammen. Beschreibe die Situation, in der Gaia und Titus Sabinius jeweils die Neuigkeit erfuhren und belege am lateinischen Text.

Ehegesetze

Es ist eigentlich nicht zu glauben: Da erfahren Gaia und Sabinius als letzte, dass sie heiraten werden. Wie in Rom üblich, haben ihre Väter diese Entscheidung über ihre Köpfe hinweg getroffen. Väter Wort gleich Gottes Wort? Nein, die beiden sollen schon ihre Zustimmung geben und zum Glück lieben sie sich ja.
Gaia wird rechtlich in ihrer eigenen Familie und unter der Vormundschaft ihres Vaters bleiben. Sie behält ihr eigenes Vermögen, kann eigene Geschäfte tätigen und – sie kann sich auch scheiden lassen. Aber wer denkt in diesem rosaroten Moment an so etwas? Gaia sieht sich als treusorgende Ehefrau und liebevolle Mutter. Als *matrona* und *mater familias* wird sie hohes Ansehen genießen und man wird ihr mit großer Ehrerbietung begegnen.

*Schwierige Suche

Mārcus in hortō erat studēbatque litterīs Graecīs, cum Gallus vēnit. »Domine« inquit »mē iuvā, quaesō[1]!« – »Quid est?« Mārcus respondit.

Gallus: »Dominus, pater tuus, litterās mihī dedit et mē iussit adīre Ti. Caecilium Homērum senātōrem. Multās hōrās per urbem errābam, sed
5 nesciēbam, ubī habitāret[2]. Rogāvī virum quendam[3], sed is rīsit. Neque dēsiit neque respondit. Dēnique mē offendit[4], egō lāpsus sum[5] ... Cūr etiam tū rīdēs?!«

Mārcus: »Ha-ha-ha, Homērum senātōrem convenīre vīs[6]! Nōnne scīs Homērum poētam Graecum iam diū mortuum esse? Dā mihī litterās!
10 Fortasse pater dīxit: ... honestum senātōrem!?«

1 quaesō: bitte
2 habitāret: ~ habitābat
3 quendam *(Akk. Sg.):* einen
4 offendit: er gab einen kleinen Stoß
5 lāpsus sum: ich fiel hin
6 vīs: du willst

1 Nenne alle Personen, die im Text eine Rolle spielen.
2 Gliedere den Text in Abschnitte und gib ihnen Überschriften.
3 Erkläre Gallus' Problem.

15 Hochzeit

1 Aufregung in den Thermen
Übersetze und beschreibe dann die neuen Erscheinungen.

Marcus: »Nuper ego cum patre in *thermis* eram. Maxime gaudebam, quod amici mei ad-erant. Pila[1] ludebant, sed ego et Publius nos aqua delectabamus.
Subito clamorem audivi et famam de clade Lollii audivi.«

[1] **pila** *(hier Abl.):* mit dem Ball

2 Ein Wort – viele Bedeutungen
Wähle die jeweils passende Übersetzung.

a) Marcus amicum convenit. – Patres de dote conveniunt.
b) Avo campi ampli sunt. – Mercator lucrum amplum sibi paravit.
c) T. Sabinius litteras Graecas legit. – Puellae herbas legunt.
d) Patres de nuptiis agunt. – Liberi fabulam agunt. – Mercator Sexto Selicio gratias agit.

3 | 1 Für Sprachforscher: Nenne die lateinischen Ursprungswörter und ihre Bedeutung.

2 Erkläre die Bedeutung der Fremdwörter.

Auf der inter*nationalen* Konferenz der *Lektoren* für Unterhaltungs*literatur* wurde folgende *Konvention* verabschiedet: *Studenten* sollen künftig Romane aus der Sparte *Science*-Fiction lesen. Außerdem sollen *Gratifikationen* verteilt werden.

4 Komposita
Erschließe die Bedeutung der unbekannten Wörter und gib die Stammformen an.

a) con-venire, con-ducere, con-vocare
b) re-pellere, re-ducere, re-vocare, re-venire, red-ire, red-dere
c) e-ripere, e-ducere, e-ligere, ex-ire

5 Pantomime
Notiere fünf Verben. Spiele sie der Klasse vor. Die Mitschüler notieren ihre Lösung. Wer errät alle?

6 Wortfix: Nenne zu jedem Bild das entsprechende lateinische Wort.

Hochzeit **15**

7 Vergangenheit – und auf Deutsch? Übersetze sowohl mit Perfekt als auch mit Präteritum.

a) veniebant – ibat – dicebam – eramus – dabant – sciebamus – eripiebat – videbant – legebat – repellebat – rogabam
b) remanebas – abibatis – ducebas – iubebat – quaerebatis – videbatis – promittebas – ridebas

8 | 1 Präsens – Imperfekt – Perfekt: Sortiere die Formen nach Tempus und bestimme sie.

dixi – sumus – credidit – dicebant – affuit – nescivisti – rides – iussit – ducebam – agunt – respondebatis

2 Bilde zu den einzelnen Formen jeweils die beiden anderen Tempora.

9 Formengenerator
Bilde aus den Bestandteilen grammatisch korrekte Formen und übersetze sie.

promitt – cred – iuva – vide – viv – inveni – verbera – tace	ba – eba	m – s – t – mus – tis – nt

10 Verb – ja oder nein?
Suche alle Verbformen heraus und übersetze sie.

videbam – facio – claro – cantatis – hortis – turbam – ponimus – amabas – indignus – dabamus – iniqua – alias – gaudeo – gaudio – incita – iam – ibam

11 Eine heiße Schlacht: Übersetze und erkläre den Tempusgebrauch.

Germani iterum atque iterum copias Romanorum petebant et magna vi pugnabant. Multi Romani iam mortui iacebant, sed ceteri[1] magna virtute resistere pergebant. Subito Germani magno cum clamore impetum[2] novum fecerunt et Romanis aquilam[3] eripuerunt.
1 ceteri: die Übrigen – **2 impetus:** Angriff – **3 aquila, ae:** Adler

12 Kleine Schwestern stören! Bilde die passende Form im Perfekt bzw. Imperfekt und übersetze.

T. Sabinius litteris (studere). Subito Gaia ei librum[1] novum (apportare). T. Sabinius ei diu fabulam (legere), cum Paulla (venire). »Abi!«, Gaia iterum atque iterum (dicere), sed Paulla non (parere). Nam cum sorore fabulam audire (cupere).
1 liber, libri: Buch

13 Apoll und Daphne
Übersetze und erkläre den Tempusgebrauch.

a) Apollo deus Daphnen[1] iam diu amabat, cum eam in silva[2] convenit.
b) Deus puellam per silvam[2] agebat, cum ea patrem vocavit:
c) »Pater, semper Apollinem timebam. Iuva me!«
d) Pater miseriam filiae videbat; tandem ei affuit: Virginem in arborem[3] vertit[4].
1 Daphnen: = *Akk.* – **2 silva,** ae: Wald – **3 arbor,** arboris *f.*: Baum – **4 vertit:** *Perfekt zu* vertere; *hier:* verwandeln in

16 Hochzeit

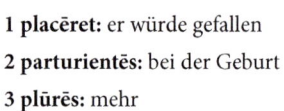

Zukunftsträume

Morgen findet die Hochzeit statt, die Vorbereitungen sind in vollem Gange. Doch die Geschwister sehen mit unterschiedlichen Gefühlen der Hochzeit entgegen.

Paulla: »Ah, mihī quoque T. Sabīnius coniūnx imprīmīs propter ōs et oculōs placēret[1]. Etiam vōx et fōrma sunt iūcundae.«

Gāia: »Sīc est. Laeta sum eumque tōtō corde dīligō. Dī mē iūvērunt! Iam crās uxor domō exībō. T. Sabīnius mihī praebēbit vītam optimam.«

5 Paulla: »In vīllā marītī habitābitis, mox etiam habēbitis multōs līberōs, fortasse trēs fīliōs et duās fīliās …«

Mārcus: »Dēsine! Prīmum Gāia dēbēbit parere ūnum puerum aut ūnam puellam. Sciō multās mulierēs parturientēs[2] et līberōs et vītam āmīsisse …«

10 Gāia: »Vērum est. Sed nōs semper Iūnōnem deam colēbāmus et egō quoque eam multīs verbīs ōrābō. Itaque deōrum auxiliō duo vel plūrēs[3] līberī nōs dēlectābunt. Nihil metuō. T. Sabīnius opēs et bona augēbit. – Vōs autem saepe vīllam nostram adībitis līberōsque cūrābitis.«

Mārcus: »Et tū ōtiō tē dabis … Errās! Invītā nōs: Vīllam vestram rē vērā
15 intrābimus, sed numquam ibī labōrābimus!«

1 placēret: er würde gefallen
2 parturientēs: bei der Geburt
3 plūrēs: mehr

1. Beschreibe die Gefühle der drei Geschwister in Bezug auf die bevorstehende Hochzeit und belege deine Aussagen am Text.
2. Erläutere Gaias Haltung und nenne typisch römische Aspekte.
3. Schreibe einen Tagebucheintrag aus Paullas oder Marcus' Sicht.

Hochzeitsbräuche

Ubi tu Gaius ego Gaia – Auch Gaia wird diesen Satz bei ihrer Hochzeit in Anwesenheit einer *pronuba* sprechen. Die *pronuba* ist eine ältere Frau, die immer noch in erster Ehe verheiratet ist; sie steht stellvertretend für Juno, die Göttin der Ehe und Geburt, deren Segen die Braut erbittet. Es ist das übliche Versprechen einer Braut an ihren Bräutigam, bevor er sie über die Schwelle seines Hauses tragen wird. Am Tag vor der Hochzeit wird Gaia ihr Spielzeug der Göttin Vesta und den Laren, den Hausgöttern, opfern. Sie wird für die Hochzeit frisiert und mit einem roten Schleier bekleidet. Dann wird sie mit Sabinius den Ehevertrag unterzeichnen. Beide sind sehr jung, aber das ist in Rom üblich. Am Hochzeitstag wird es ein Festmahl in ihrem Elternhaus geben. Dann wird Sabinius sie symbolisch der Mutter »entreißen« und in einem Festzug zu seinem Haus führen. Natürlich wird er sich dabei auch Spottverse seiner Freunde anhören müssen …

Futur der a- und e-Konj.

*Nach der Feier

Die Hochzeitsfeierlichkeiten bei den Sabinii sind vorbei; die Selicii sind wieder zu Hause.

Sextus: »Ah, nūptiae erant iūcundae, sed fatīgātus[1] sum. Multī hospitēs affuērunt. Itaque nunc ōtiō mē dabō.«

Paulla: »Vestēs coniugum variae mihī maximē placuērunt.«

Mārcus: »Mihī maximē placuērunt cibī optimī; et tū, māter, quid dīcis?«

5 Aurēlia: »Verba ›ubī tū Gāius, egō Gāia‹ herī mē vehementer[2] mōvērunt.«

Paulla: »Nōn intellēxī: Praenōmen[3] Sabīniī est Titus, haud Gāius … Et cūr Gāia oblectāmenta[4] dīs immolāvit neque mihī dedit?«

Mārcus: »Stulta es, Paulla. Mōs[5] est.«

Paulla: »Et quandō nūptiās tuās vidēbimus, Mārce vel – ›Gāī‹?«

10 Sextus: »Tacē tandem, Paulla! Ecce, māter maesta[6] est. Laeta es, Aurēlia! Amor Titī Sabīniī vērus est; officia sua nōn īgnōrat. Certē Sabīniī nōs mox invītābunt et nōs eōs adībimus.«

1 **fatīgātus,** a, um: müde
2 **vehementer:** stark, heftig
3 **praenōmen,** inis *n.*: Vorname
4 **oblectāmentum,** ī: Spielzeug
5 **mōs,** mōris *m.*: Brauch; Tradition
6 **maestus,** a, um: traurig

1 Sammle aus dem Text Informationen über römische Hochzeitstraditionen. Ergänze dein Wissen mit dem Informationstext.
2 Vergleiche die römischen mit unseren modernen Traditionen.

16 Hochzeit

1 Marcus' Verabredung
Übersetze den Text und beschreibe dann die neuen Erscheinungen.

Marcus gaudet:
- Hodie amicum novum videbo.
- Is me visitabit[1].
- In *circum* ibimus et equos spectabimus.
- Ludi ei placebunt.

1 visitare: besuchen

2 Montagsmaler
Bildet Zweierteams. Immer abwechselnd zeichnet einer von euch ein lateinisches Wort aus Lektion 16 in sein Heft, der andere muss es erraten. Welches Team kennt die meisten Wörter?

3 Sachfeld: Familienfeste
Stelle alle lateinischen Wörter zum Sachfeld »Verlobung und Hochzeit« in einer Mindmap zusammen. Berücksichtige Aspekte wie: Menschen, Gefühle, Wohnen, Arbeiten …

4 Ein Wort – viele Bedeutungen
Wähle die jeweils passende Übersetzung.

a) liberos colere – campos colere – deos colere
b) imperator opes Romanas instruit[1] – mercator opibus gaudet
c) Gallus copiam frumenti apportat – copiae Romanorum Germanos vincunt
d) finis ludorum – fines horti

1 instruere: aufstellen

5 Verwechslungsgefahr!
Nenne die Bedeutung und überlege dir Eselsbrücken.

a) propter – properare – probus
b) pārēre – parāre – parere
c) diligere – delere – deliberare
d) oculus – optimus – officium
e) os – ops – opus est – oportet

6 Wortfix: Nenne zu jedem Bild das entsprechende lateinische Wort.

Hochzeit 16

7 Verb – ja oder nein?
Sortiere nach Wortarten und bestimme die Verbformen.

otio – corde – curare – diligebam – dabis – metuo – opes – exspecto – auxilio – curavit – vitam – invita – formas – peperit – augebam – oras – oris – timebunt – optimi – paruistis

8 Formengenerator
Bilde aus den Bestandteilen grammatisch korrekte Formen und übersetze diese.

| stude – iuva – pugna – vide – invita – time – tace – verbera | b – bi – bu – ba | o – m – s – t – mus – tis – nt |

9 | **1** Imperfekt oder Futur? Sortiere die Verbformen in die passende Spalte.
2 Bilde auch das jeweils andere Tempus.

Imperfekt	Futur

dabis – parabamus – ridebant – remanebis – orabo – adibitis – studebam – exibit – videbas

10 Ein Stamm – viele Tempora
Bilde die Formen entsprechend und übersetze sie.

paret → parebat → parebit
a) censet
b) spectant
c) iubeo
d) rogas

11 Signalwörter
Wähle das passende Tempus und übersetze.

a) Gaia hodie (gaudet, gaudebat, gaudebit).
b) Cras T. Sabinium (videt, videbat, videbit).
c) Coniugem iam diu (amavit, amabat, amabit).
d) Mox in villa pulchra (habitat, habitabat, habitabit).
e) Nunc Iunonem deam (orat, orabat, orabit).

12 Übersetzungstechnik: Markiere in deinem Heft die AcIs mit einer Klammer und gib das Zeitverhältnis an. Übersetze.

a) T. Sabinius Gaiam virginem pulchram esse putat. Constat etiam eam T. Sabinium amare.
b) T. Sabinius patres convenisse nesciebat. Gaia a sorore audiebat patrem Sabinii affuisse.
c) Sextum dotem amplam promisisse scimus.

13 Gebet an die Göttin
Grenze die Satzbausteine ab (Subjekt, Prädikat, Objekt, adverbiale Bestimmung) und übersetze.

a) Sorores duae iam semper deas colebant.
b) Hodie sorores in foro sunt. Mox Iunoni deae immolabunt. Pro[1] salute Gaiae orabunt.
c) Ad aram deae adeunt. Gaia dona apportat.
d) Sacerdotes sacrificium iam paraverunt.
e) Liberi Seliciorum orant.

1 pro *(+ Abl.)*: für

17 Hochzeit

Manchmal kommt es anders

Gaia wohnt nun bei Titus Sabinius auf einem Landgut außerhalb von Rom. Mittlerweile hat sie sich an ihr neues Leben als Ehefrau gewöhnt. Doch die Politik bringt unerwartete Neuigkeiten.

T. Sabīnius: »Gāia, dēliciae[1] meae, modo nūntium ab imperātōre Augustō accēpī. Cum exercitū[2] in Galliam[3] contendere dēbeō.«

Statim nūntius cor Gāiae magnō dolōre complet: »Ō coniūnx! Num mē nunc post nūptiās neglegēs et relinquēs? Num tē barbarīs trādēs?
5 Imperātorne tē salvum mihī reddet? ... Nōnne vidēs tē et saevum et inīquum esse?«

T. Sabīnius: »Cāra uxor: Audī verba mea, tum comprehendēs!«

Gāia: »...«

T. Sabīnius: »Scīs Germānōs legiōnem Lolliī superāvisse et aquilam[4]
10 rapuisse. Eam prō patriā quaerēmus et capiēmus; mox redībimus. Vidēbis tempus fugere! Post victōriam autem cīvēs Rōmānī mē colent. Eō modō ad honōrēs amplōs perveniam: Imperātor tunicam lāticlāviam[5] senātōris mihī prōmīsit. Fortasse aliquandō praetor vel etiam cōnsul erō.«

15 Verba coniugis animum Gāiae movent: »Tantōsne honōrēs accipiēs? Bene – abī, sī dēbēs.«

T. Sabīnius: »Gāia, es fortis[6] tamquam mīles!«

1 dēliciae, ārum *(Pl.)*: Liebling
2 exercitū *(Abl. Sg.)*: Heer
3 Gallia, ae: Gallien *(in etwa heutiges Frankreich)*
4 aquila, ae: Legionsadler
5 tunica lāticlāvia: Tunika mit Purpurstreifen
6 fortis: stark; tapfer

1|1 Übersetze die ersten beiden Sätze (Z. 1-2) und erschließe das Thema des Textes.
   2 Äußere Vermutungen über den weiteren Verlauf des Gesprächs.
2|1 Beschreibe die Stimmung zwischen Gaia und Sabinius in Z. 1-6.
   2 Erkläre Gaias Reaktion in Z. 15-16 mit dem, was du über sie und über römische Werte weißt.
   3 Schreibt Regieanweisungen für den Dialog und stellt ihn szenisch dar.

Cursus honorum

Sabinius hofft nach seiner Militärzeit auf einen Sitz im Senat. Daher wird er sich zunächst um die Quästur bewerben. Denn die erfolgreiche Wahl zum Quästor ist dafür die Voraussetzung. Als Quästor wird er Untersuchungsrichter sein und die Verantwortung für die Steuereinnahmen und die Ausrichtung von Gladiatorenspielen tragen. Falls sein Vermögen reicht, wird er sich nun zum Ädilen wählen lassen. Er wird Polizeiaufgaben übernehmen und für die Finanzierung der Gladiatorenspiele sorgen – aus seiner Privatschatulle selbstverständlich. Vielleicht wird er sogar Prätor, also oberster Richter und Militär und gleichzeitig Stellvertreter eines der beiden Konsuln, der höchsten Beamten im Staat. Und wo Sabinius schon am Träumen ist, das Konsulat als Krönung der politischen Laufbahn und später die Statthalterschaft in einer Provinz zusammen mit Gaia, das wär's natürlich ...

*Nachricht aus der Fremde

Titus Sabinius ist nun schon zwei Monate weg. In einem Brief berichtet er Gaia aus Gallien.

T. Sabīnius Gaiae Seliciae suae salūtem dīcit[1]

Fortasse quaeris: »Quandō Germānōs superābitis et redībitis?« Nesciō, sed sīgnum legiōnis Lolliī, etiamsī nōndum[2] invēnimus, certē mox inveniēmus.

5 Nam nūper Germānōs pūgnā saevā vīcimus: Diū pūgnābāmus, Germānī vehementer[3] resistēbant. Tandem Germānī sē recēpērunt et in silvās[4] fūgērunt. Iam victōriā gaudēbāmus, cum subitō magnus clāmor fuit. Statim comprehendimus barbarōs clādem simulāvisse et īnsidiās[5] parāvisse. Sed īra vīrēs nostrās auxit et – vīcimus! Fortūna profectō
10 virōs vērē Rōmānōs semper iuvat. Post pūgnam autem nūlla salūs fuit Germānīs: Eōs aut necāvimus aut servōs reddidimus.

Nunc, quamquam laetus sum, et vītam iūcundam et voluptātēs Rōmae et Gāiam meam dēsīderō[6]. Semper tē amābō. Valē[7]!

1 T. Sabīnius Gaiae Seliciae suae salūtem dīcit: Titus Sabinius grüßt seine Gaia Selicia *(typische Grußformel im Brief)*
2 nōndum: noch nicht
3 vehementer: *hier:* verbissen
4 silva, ae: Wald
5 īnsidiae, ārum *(Pl.):* Hinterhalt
6 dēsīderāre: vermissen
7 Valē!: Lebe wohl!

1 Gliedere den Brief in Abschnitte und gib ihnen Überschriften.
2 Fasse in eigenen Worten den Ablauf der Schlacht zusammen.
3 Schreibe einen Antwortbrief aus Gaias Sicht.

17 Hochzeit

1 Titus Sabinius' Pläne
Übersetze und beschreibe dann die neuen Erscheinungen.

Post[1] nuptias T. Sabinius deliberat: »Primum in villa patris habitabimus. Sed mox aliam ememus. Gaiam in villam novam ducam. Certe multi amici venient, nobiscum laeti erunt. – Gaia, quid cras facies? Villasne mecum spectabis?«

1 post (+Akk.): nach

2 Marcus, was hast du vor?
Übersetze und beschreibe dann die neuen Erscheinungen.

Aurelia: »Marce, quid hodie facies?«
Marcus: »Cum patre in foro ero. Multi alii homines aderunt. Ita nuntios[1] de bello audire poterimus.«
Aurelia: »Sed Paulla sola in villa erit. Cras domi[2] remanere debebis. Ludere poteritis.«

1 nuntius, i: Nachricht – **2 domi:** zu Hause

3 | 1 Stelle alle lateinischen Wörter zusammen, die du brauchst, um das Bild zu beschreiben.

2 Bilde kurze lateinische Sätze und lass deinen Nachbarn übersetzen.

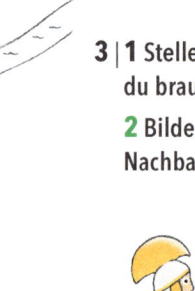

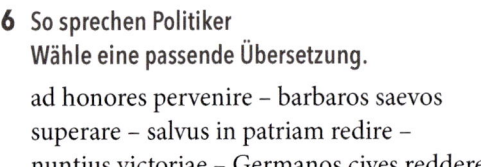

4 Eselsbrücken
Lies dir den Text »Manchmal kommt es anders« durch und notiere alle Vokabeln, die du nicht kennst. Ermittle die Grundform und frage deinen Partner nach der Bedeutung oder schlage nach. Überlegt euch gemeinsam Eselsbrücken für alle Wörter.

5 Sprichwörter
Übersetze.
a) Tempus fugit.
b) O tempora, o mores[1]!
c) Ubi bene, ibi patria.
d) Patria mihi totus mundus[2] est.

1 mores: Sitten – **2 mundus,** i: Welt

6 So sprechen Politiker
Wähle eine passende Übersetzung.

ad honores pervenire – barbaros saevos superare – salvus in patriam redire – nuntius victoriae – Germanos cives reddere

7 »cursus honorum«
Gestalte eine Mindmap zum Thema »honores = (Ehren-)ämter«. Verwende bekannte und neue Vokabeln und informiere dich über die Aufgaben der Beamten.

Hochzeit 17

8 | 1 Langes oder kurzes »e«? Sortiere die Verben nach Konjugationen.
2 Bilde die 1. und 2. Person Sg. Futur.

a) tacere – colere – tradere – monere – pergere – vincere – movere – delere
b) fugere – metuere – iubere – legere – ardere – facere – ducere – complere

9 Welche Form passt nicht? Begründe deine Auswahl.

a) monebo – iuvabo – cibo – gaudebo
b) turbis – movebis – curabis – augebis
c) ducam – salvam – agam – perveniam
d) coles – pervenies – reddes – mones
e) intelleges – auges – repelles – facies
f) timetis – tribuetis – ponetis – metuetis

10 Gestern – heute – morgen
Sortiere die Verbformen nach Tempora (Imperfekt, Präsens, Futur) und übersetze.

a) mones – negleges – complebit – movebamus – rapimus – relinquam – tradent – redditis – fugietis – faciebat
b) perveniebas – videbis – accipiunt – superabunt – repellunt – fugiebant – transeunt – vivet – exibit

11 | 1 Jeder würfelt einmal pro Wort und bildet die entsprechenden Formen im Präsens, Futur und Imperfekt. Der Partner übersetzt.
1–3: Personen im Sg. / 4–6: Personen im Pl.
venire – volare – esse – quaerere – ducere – posse – monere – capere – ire

2 Wählt weitere Verben aus und würfelt.

12 Ein Traum: Als Titus Sabinius aufwacht, kann er sich nur noch an einzelne Bilder erinnern. Bilde kurze Sätze zu den Bildern (im Futur) und lass deinen Partner übersetzen.

13 Titus Sabinius' Zukunftspläne: Übersetze.

T. Sabinius gaudet: Aliquando cum uxore in villa pulchra habitabo. Familia magna erit. Liberis probis gaudebimus. Multi servi mihi aderunt. Ad honores magnos perveniam.

14 Bilde die passenden Futurformen und übersetze.

Gaia non gaudet: Cras T. Sabinium non iam (videre). Coniunx imperatori (parere). Post nuptias in Galliam (abire). Sed fortasse brevi tempore[1] (redire)? Certe T. Sabinius senator (esse).
1 brevi tempore: in kurzer Zeit

Das germanische Abenteuer

Terra incognita – unbekanntes Land. Das war für die Römer das Gebiet östlich des Rheins. Zwar hatte Caesar zweimal den Rhein überquert und war in das rechtsrheinische Germanien vorgedrungen, um römische Macht zu zeigen, aber dabei war es zunächst geblieben. Nun plante Augustus, das Reich nach Nordosten hin auszudehnen. Denn immer wieder kam es zu Übergriffen rechtsrheinischer Germanen auf gallisch-römisches Territorium und so sandte Augustus im Jahr 17/16 v. Chr. seinen Feldherrn Lollius nach Gallien, um dem Spuk ein Ende zu bereiten. Der Ausgang ist bekannt.

Nun konnte und wollte Augustus diese Beleidigung nicht auf sich sitzen lassen. Er brach für drei Jahre nach Gallien auf und beauftragte gleichzeitig seine Stiefsöhne Drusus und Tiberius, von Süden und Nordwesten aus nach Germanien vorzudringen. Zum Schutz der römischen Gebiete ließ Augustus bestens ausgestattete Militärlager rechts des Rheines anlegen. Von dort aus drangen die Römer immer weiter Richtung Osten vor. In Westfalen entstanden entlang der Lippe eine Reihe von Lagern als Stützpunkte für weitere Exkursionen. Da Germanien in weiten Teilen aus Urwald und Sumpfland bestand, durchquerten die Römer mit schnellen Transportschiffen über Flüsse das unwegsame Gelände.

Allmählich wurden weite Teile Westgermaniens römisch. Die freiheitsliebenden Germanen waren jetzt dem römischen Kaiser steuerpflichtig. Sie konnten sich nur schwer daran gewöhnen, zumal die Römer bei ihren Angriffen nicht gerade zimperlich vorgegangen waren. Immer wieder hatten sie Dörfer geplündert und niedergebrannt, Teile der Bevölkerung getötet oder versklavt. Außerdem brachten sie vor allem Kinder vornehmer Germanen als Geiseln nach Rom. Sie sollten hier die Vorzüge römischer Lebensart kennenlernen. Und tatsächlich nahmen viele von ihnen später die römische Lebensweise an oder machten sogar in Rom Karriere.

Zunächst sah es also aus, als sei die Germanenpolitik des Augustus erfolgreich, obwohl der plötzliche Tod des Drusus 9 v. Chr. ein herber Schlag für den Kaiser war. Mit Quinctilius Varus setzte er 7 n. Chr. einen aus seiner Sicht erfahrenen Statthalter in den neu eroberten Gebieten ein. Varus sollte der Bevölkerung römisches Recht und römische Kultur vermitteln. Die Wahl erwies sich als außerordentlich unglücklich. Glaubt man den antiken Quellen, dann war Varus nämlich ein Mann mit wenig Einfühlungsvermögen im Umgang mit den neu unterworfenen germanischen Stämmen. Als Varus mit der ganzen Härte römischer Gerichtsbarkeit gegen sie vorging, entschlossen sie sich zum Aufstand.

Ihren Anführer fanden sie in dem Cheruskerfürsten Arminius. Arminius war bereits im Kindesalter als Geisel nach Rom gekommen und hatte dort eine vorzügliche Ausbildung genossen. Er war zum Militärtribun aufgestiegen, hatte neben dem römischen Bürgerrecht auch den Titel *eques* erhalten und besaß als Führer germanischer Hilfstruppen das uneingeschränkte Vertrauen des Varus.

Im September des Jahres 9 n. Chr. war Varus mit seinem Tross auf dem Weg ins Winterlager, als Arminius ihm von einem drohenden Aufstand ei-

1 sumpfiger Wald

2 römischer Helm aus Bronze

3 Adler aus Bronze

niger Germanenstämme berichtete. Er riet zu einem kleinen Umweg, damit Varus diesen Aufstand niederschlagen könne. Segestes, der Schwiegervater des Arminius, ahnte den Hinterhalt und warnte Varus. Doch dieser schlug alle Warnungen in den Wind – und tappte in die Falle. Denn Arminius führte Varus in ein sumpfiges und hügeliges Gebiet, das keinen offenen Feldkampf zuließ. Hier warteten bereits die Germanen, um ihren Angriff auf den wehrlosen Tross zu starten. Ca. 20 000 Menschen, darunter viele Frauen und Kinder, wurden niedergemacht. Das Gemetzel dauerte drei Tage. Nur wenigen gelang die Flucht. Varus selbst nahm sich das Leben. Am Ende waren drei Legionen (XVII, XVIII und XIX) vollständig vernichtet, die drei *aquilae* in den Händen der Germanen.

4 Münzfund vom Ort der Varusschlacht

Als Augustus von der Niederlage des Varus erfuhr, soll er sich monatelang weder Haar noch Bart geschnitten haben. Immer wieder habe er seinen Kopf gegen den Türpfosten gestoßen und dabei ausgerufen: »*Quinctili Vare, legiones redde!*« Die Namenszahlen der Legionen wurden nie mehr vergeben; die verlorenen *aquilae* aber konnten im Laufe der Zeit wiedergewonnen werden. Für das rechtsrheinische Germanien bedeutete die Varusschlacht das Ende jeder römischen Besatzung.

5 Soldaten; Relieffragment einer Säule

1 Nenne Gründe für das Scheitern des Augustus in Germanien.
2 Übersetze den Ausruf des Augustus. Findest du eine Antwort auf die Frage, warum die Namenszahlen der verlorenen Legionen nie mehr vergeben wurden?

6 Soldaten auf dem Marsch

Latein-Design

Das Tempusrelief

Viele römische Grabmäler sind mit sogenannten Reliefs geschmückt. Ein Relief ist ein Bild, das nicht gemalt, sondern aus dem Untergrund herausgemeißelt wird. So entsteht ein dreidimensionaler Effekt.

Auch mit Texten lässt sich ein Relief herstellen. Nur werden hier verschiedene Zeitebenen herausgearbeitet. Man spricht daher von einem Tempusrelief.

Ein Tempusrelief ist eine weitere Methode zur Textvorerschließung. Es hilft dir, die Grobstruktur eines Textes zu erfassen und ihn zu gliedern.

Auch kannst du so Vorder- und Hintergrundhandlung leicht unterscheiden und damit leichter die wesentlichen Textinhalte (also worum es in dem Text hauptsächlich geht) finden.

Man kann das mit der Arbeit eines Trickfilmers vergleichen: Auf einem mehr oder weniger starren Hintergrund – dem entspricht das lateinische Imperfekt – animiert der Designer die Figuren – dem entspricht das lateinische Perfekt. Denn schon die Römer lehrten: Im Imperfekt bleibt die Rede stehen, im Perfekt schreitet sie weiter.

Weitere Hinweise erhältst du, wenn du auf die Konnektoren (z. B. *aliquando, semper, subito*) achtest. Sie drücken oft ein zeitliches Verhältnis aus.

Um die Zeitebenen eines Textes herauszufinden, musst du ihn zuerst scannen, alle Prädikate herausschreiben und nach ihren Tempora sortieren.

1 Unterscheide Vorder- und Hintergrundhandlung und äußere Vermutungen über den Inhalt der Erzählung.

Antiquis temporibus in domo regia[1] vivebat rex cum filia. Eam maxime amabat. Itaque virum bonum quaerebat; nam filiam ei in matrimonium dare[2] cupiebat. Sed filia semper omnes[3] viros neglegebat. Aliquando autem filia virum pulchrum equo ad-volare vidit. Statim eum adamavit…

1 in domo regia: in einem Schloss – **2 in matrimonium dare:** zur Frau geben – **3 omnes:** alle

Designer-Sprache

Die lateinische Sprache liebt klare Strukturen. Das gilt auch für die Verbformen. Es geht zu wie in einer Küche, bei der man zwischen verschiedenen Modulen wählen kann.

Denn ein Verb besteht immer aus einem unveränderlichen Wortstamm und einer veränderbaren Endung. Genau diese beiden Module musst du anschauen, wenn du eine Verbform sicher bestimmen willst:

Wortstamm: Präsensstamm oder Perfektstamm?
- Präsensstamm: Hier kennst du schon verschiedene Tempora. Um die Form richtig zu bestimmen, musst du die Endung genau ansehen.
- Perfektstamm: Hier kennst du bisher nur das Perfekt, das du außerdem auch an seiner speziellen Formenreihe erkennen kannst.

Damit du sicher erkennst, ob es sich um den Präsens- oder den Perfektstamm handelt – und zu welchem Wort der Stamm gehört – musst du die Stammformen im Wortschatz immer mitlernen.

Endungen
Um welches Tempus es sich handelt, erkennst du an den Endungen, d. h. am Tempuskennzeichen:

Vom Präsensstamm werden gebildet:

Präsens:	clama-t
Imperfekt:	clama-**ba**-t
Futur I:	clama-**bi**-t / accipi-**e**-t

Vom Perfektstamm werden gebildet:

Perfekt:	clamav-it
Plusquamperfekt:	*noch nicht bekannt*
Futur II:	*noch nicht bekannt*

Das habe ich gelernt:
Das Tempusrelief zeigt mir die verschiedenen Zeitebenen eines Textes. Die Stammformen helfen mir beim Bestimmen der Verbformen.

15–17 Hochzeit

1 | 1 Mutter Latein und ihre Töchter – Portugiesisch: Nenne die lateinischen Ursprungswörter und deren deutsche Bedeutung.

2 Lass dir die Begriffe von jemandem vorlesen, der Portugiesisch kann. Formuliere Aussprachregeln.

a) tempo – senador – vitória – núpcias – letra – honra – cônjuges
b) orar – rir – estudar – prometer – fugir
c) bárbaro – civil – ótimo – primeiro – ocioso – honesto – amplo

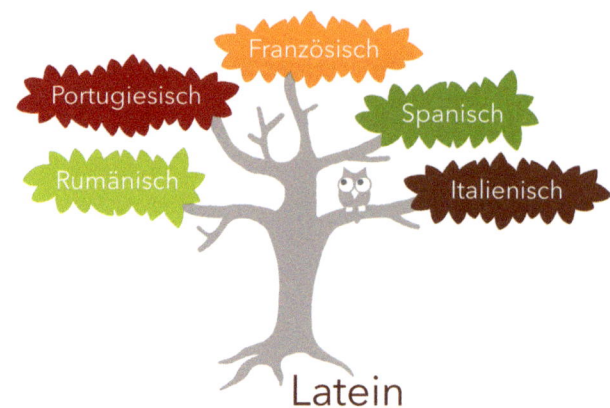

2 | 1 ēre oder ĕre: Sortiere die Verben in zwei Gruppen.

2 Bilde jeweils die 1. und 2. Pers. Sg. Futur.

tradere – movere – nubere – respondere – ridere – diligere – ducere – studere – promittere – iubere – parere

3 | 1 Präsens oder Futur? Sortiere die Formen.

2 Bilde zu den Präsensformen die entsprechenden Futurformen und umgekehrt.

iubebit – diliges – quaerent – perveniemus – ago – studes – videbitis – exit – iuvabo – respondent – promittet – tradetis – facitis

4 Übertrage die Tabelle in dein Heft und sortiere die Verben ein.

Präsens	Futur I	Imperfekt	Perfekt

abibo – parit – iuvisti – redibam – superabis – movet – vidit – scies – nubemus – fugiebatis – nescivimus – orabant – rapient – metuitis

5 Formentelefon: Wähle aus jeder Zeile eine Nummer und rufe dann einen Klassenkameraden auf, der die Form bilden muss. Ist die Form richtig, darf er weiter telefonieren.

1. fugere	2. redire	3. orare	4. ridere
1. Person	2. Person	3. Person	
1. Singular		2. Plural	
1. Präsens	2. Futur I	3. Imperf.	4. Perf.

6 | 1 *esse* oder *ire*? Bestimme jeweils Person, Numerus und Tempus und übersetze die Form.

sumus – isti – erant – itis – eritis – eo – fuisti – ibo – este! – ierunt – ero – ibat – fuit – isse

2 Bilde zu den Formen von *esse* die entsprechenden von *ire* – und umgekehrt.

7 | 1 Sortiere die Formen von *ire* und *posse* in die Tabelle ein.

posse		ire	
Präsens	Imperfekt	Präsens	Imperfekt

poteras – ibat – possunt – is – potestis – ibatis – poteram – imus – potest – eo – poteramus – ibant

2 Ergänze die jeweils fehlenden Formen.

8 Titus Sabinius erzählt von einem Erlebnis im Feldlager. Übersetze und erkläre jeweils den Tempusgebrauch.

Sermonem[1] cum amico habebam, cum nuntius venit: »Ibamus per silvas[2] amplas. Silentium semper servabamus, quia imperator iterum atque iterum monebat. Et vere: Subito copias Germanorum audivimus. Insidias[3] nobis parabant. Itaque eos petivimus et superavimus. Certe imperator nunc dicet: ›Bene fecistis, milites!‹«

1 **sermo,** onis *m.:* Gespräch – 2 **silva,** ae: Wald – 3 **insidiae,** arum: Hinterhalt

9 | 1 Ordne Begriffe, die zueinander passen, zu Gruppen.

2 Suche jeweils eine passende Überschrift für die Gruppen.

Präposition – Verb – Dativ – Perfekt – Akkusativ – Femininum – Präsens – Substantiv – Imperfekt – Maskulinum – Neutrum – Subjunktion – Nominativ

10 »Tabu!« – Fachbegriffe sind gefragt
Bildet Zweierteams. Immer abwechselnd erklärt einer von euch seinem Partner einen grammatikalischen Begriff, ohne diesen zu nennen. Natürlich dürft ihr auch eine Reihe von Beispielen geben. Für jeden erratenen Begriff gibt es einen Punkt. Welches Team gewinnt?

11 Ergänze die Sätze mit den passenden Namen. Die angegebenen Buchstaben ergeben ein Lösungswort.

a) Der ▮ ist der Grenzfluss zwischen dem Imperium Romanum und Germanien. (1)
b) ▮ sollte als Feldherr die Germanenhorden aus Gallien vertreiben. (2)
c) ▮ besiegte die römischen Legionen im Jahr 9 n. Chr. (3)
d) ▮ ist die lateinische Bezeichnung für die Legionsfeldzeichen. (1)

12 | 1 Stelle zusammen, was du über römische Hochzeitsbräuche weißt.

2 Lass dir von deinen Eltern erzählen, wie ihr Hochzeitstag abgelaufen ist. Vergleiche mit den römischen Hochzeitsbräuchen.

3 Beschreibe, was man heute unter einer Familie versteht, und benenne Unterschiede zu einer römischen *familia*.

Ausspracheregeln

Lateinische Schrift und Aussprache

1. Die lateinische Schrift

damals...

Das lateinische Alphabet hat – anders als das deutsche – nur 23 Buchstaben: ABC DEF GHI KLM NOP QRS TVX YZ.
Das J schrieben die Römer wie das I, das U wurde wie das V geschrieben.

Das lateinische Alphabet hat sich über eine längere Zeit entwickelt und immer wieder verändert.

Anfangs stand z.B. das Zeichen C sowohl für das K als auch für das G; das merkst du noch an der Wiedergabe von Namen in Texten und Inschriften: Die traditionellen römischen Vornamen *Gaius* und *Gnaeus* wurden dort stets als *C.* und *Cn.* abgekürzt.

Auch Y und Z gab es zunächst nicht – diese Buchstaben wurden erst zur Zeit des Augustus eingeführt, um griechische Fremdwörter schreiben zu können.

Auch aus einem anderen Grund wären dir antike lateinische Texte schon mit einem Blick aufgefallen: Die Römer verwendeten zunächst nur Großbuchstaben – und schrieben diese auch noch ohne Worttrennung und ohne Satzzeichen *(scriptura continua)*.

1 Römische Inschrift aus Brigantium

Weil das für viele Zwecke zu unbequem war, wurde im ersten Jahrhundert vor Christus eine Schreibschrift auch mit Kleinbuchstaben entwickelt. Diese »Kursivschrift« kannst du z.B. in Pompeji an den Hauswänden finden.

2 Graffiti an einer Hauswand in Pompeji

... und heute

In vielen Texten, auch in diesem Schulbuch, wird zwischen U und V unterschieden, um die Lesbarkeit zu verbessern. Statt in Großbuchstaben werden heute lateinische Texte in Kleinbuchstaben geschrieben. Nur der Satzbeginn und Eigennamen (bzw. Wörter, die von Eigennamen abgeleitet sind) werden stets großgeschrieben.

2. Aussprache

Wie die Schrift, so hat sich auch die Aussprache des Lateinischen mit der Zeit verändert – im Mittelalter wurde anders gesprochen als 1000 Jahre vorher zur Zeit des Augustus.

Insgesamt wurden aber die meisten Zeichen weitgehend so ausgesprochen, wie wir sie auch heute aussprechen. Wichtige Ausnahmen sind ...

- **ae** und **oe**: Zunächst sprach man beide Vokale getrennt als »ai« bzw. »oi« (deswegen wird *Caesar* im Deutschen zu *Kaiser*); erst später kam die Aussprache als »ä« bzw. »ö«.

Ausspracheregeln

- c, das zunächst immer als »k« gesprochen wurde (deswegen wird aus *Caesar* der deutsche *Kaiser*). Erst später sprach man das »c« vor hellen Vokalen wie ein »z«.
- ti, das wie »-t-i-« gesprochen wurde. Erst später sprach man vor hellen Vokalen »-tsi-« (deswegen wird aus *silentium* im Englischen *silence*).
- sp und st, bei denen das »s« erhalten blieb (also »s-pectare« und nicht »schpectare«).
- ch und sch, die wie »k« und »s-k« ausgesprochen wurden.
- v, das wie das englische »w« gesprochen wurde.
- s, das in der klassischen Zeit stets stimmlos war.

Manche Lehrer werden Worte wie *Caesar* in der klassischen Aussprache als »Kaisar« aussprechen, andere nach der spätantiken Aussprache in der dir vielleicht vertrauteren Form als »Zäsar«. Beide Varianten sind richtig und in der Antike belegt, aber zu unterschiedlichen Zeiten.

Wie im Deutschen gibt es auch im Lateinischen lang oder kurz ausgesprochene Vokale (vgl. Stadt/Staat) – und auch im Lateinischen konnte die Vokallänge den Sinn eines Wortes verändern (*mălus* »böse«, *mālus* »der Apfelbaum«).

Um dir das richtige Lernen zu erleichtern, findest du in den Lektionstexten und im Wortschatz auf allen langen Vokalen ein Längenzeichen (z. B. ā); ae und oe werden immer lang gesprochen.

3. Betonung

Im Deutschen betonst du die Wörter automatisch richtig, ohne über die Regeln nachzudenken. Im Lateinischen musst du die Regeln erst noch lernen:
- zweisilbige Wörter werden immer auf der ersten Silbe betont.
- drei- und mehrsilbige Wörter werden
  - auf der vorletzten Silbe betont, wenn diese lang ist (= langer Vokal bzw. zwei oder mehr Konsonanten am Schluss der Silbe); »Paenultima-Gesetz«.
  - auf der drittletzten Silbe betont, wenn die vorletzte Silbe kurz ist.
  - kleine angehängte Wörter wie *-que* lassen die Betonung auf die Silbe unmittelbar davor rutschen.

Da lateinische Wörter oft durch Endungen erweitert werden, kann es sein, dass dasselbe Wort mit unterschiedlich langen Endungen auch unterschiedlich betont wird. In der Grammatik weisen dich Betonungszeichen bei einigen Wörtern darauf hin.

Lernwortschatz

Hier im Lernwortschatz findest du die lateinischen Wörter in der Reihenfolge, in der sie im Lektionstext vorkommen.

Bedeutungen

Damit du die Wörter möglichst effektiv lernen kannst, sind nur wenige deutsche Bedeutungen angegeben. Sie sollen dir helfen zu verstehen, was das Wort »meint«.

Das heißt aber nicht, dass das Wort nur diese eine Bedeutung hat. Natürlich kannst du für *currere* statt »laufen« auch »rennen« sagen – das ist genauso richtig. Probiere ein bisschen aus und du wirst sehen, dass dir schon in der ersten Lektion zu einigen Wörtern Alternativen einfallen!

Zusatzangaben

Damit du die lateinischen Wörter im Satz richtig bestimmen und damit auch richtig übersetzen kannst, solltest du dir zusätzlich zur Bedeutung (die ist natürlich das Wichtigste!) auch die Zusatzangaben merken:
- für Substantive Deklination und Geschlecht
- für Verben Konjugation und Stammformen

Merkhilfen

In der rechten Spalte findest du einige Merkhilfen – kleine Bildchen, Hinweise auf schon bekannte englische Wörter oder Fremdwörter. Natürlich kannst du in deinem Vokabelheft auch weitere Eselsbrücken ergänzen!

Tipps zum Wörterlernen findest auch auf den Seiten 26–27.

»Die Familie stellt sich vor«

	avus	Großvater	
	pater	Vater	
	māter	Mutter	
	filius	Sohn	
5	filia	Tochter	Filiale
	servus	Sklave	servieren
	salvē!	Sei gegrüßt! Hallo!	
	Mihi nōmen est …	Mein Name ist … / Ich heiße …	
	nōmen *n.*	Name	
	Et quod nōmen est tibi?	Und was ist dein Name? / Und wie heißt du?	

Lernwortschatz

Lektion 1
Wiederholung

fīlius	Sohn
fīlia	Tochter
servus	Sklave

Lernwortschatz

	hīc *(Adv.)*	hier	
	habitāre	(be)wohnen	e. in-habitant
	esse	1. sein 2. *als Vollverb:* existieren; vorhanden sein (»es gibt«)	
	dominus	Herr; Hausherr	dominant
5	domina	Herrin	
	et	1. und 2. auch	
	etiam	auch	
	iam *(Adv.)*	schon	
	adesse	1. da sein 2. helfen	
10	exspectāre	(er)warten	e. to expect
	silentium	Stille; Schweigen	e. silence
	placēre	gefallen	
	sed	aber; sondern	
	ubī	wo?	
15	līberī	Kinder	
	cūr?	warum?	
	nōn	nicht	
	venīre	kommen	Ad-vent
	intrāre	eintreten; betreten	e. to enter
20	negōtium	1. Arbeit; Aufgabe 2. Geschäft; Handel	
	pārēre	gehorchen	parieren
	dēbēre	1. müssen 2. schulden 3. verdanken	
	subitō *(Adv.)*	plötzlich	
	spectāre	betrachten; (hin)schauen	Spektakel
25	caper *(Nom. Pl.* caprī*)*	Ziegenbock	

Lernwortschatz

Lektion 2
Wiederholung

līberī	Kinder
sed	aber; sondern
dēbēre	1. müssen
	2. schulden
	3. verdanken
pārēre	gehorchen
negōtium	1. Arbeit; Aufgabe
	2. Geschäft; Handel
subitō	plötzlich
cūr	warum?

Lernwortschatz

	statim *(Adv.)*	sofort	
	currere *(3. Pers. Pl.* currunt)	laufen; eilen	Kurier
	ibī *(Adv.)*	dort	→ ubi
	vidēre	sehen	Video
5	incitāre	1. erregen	
		2. antreiben	
	semper *(Adv.)*	immer	
	carrus	Karren	
	trahere *(3. Pers. Pl.* trahunt)	ziehen	Traktor
	verberāre	prügeln	
10	bēstia	Tier; Raubtier	
	licet *(+ Inf.)*	es ist erlaubt	Lizenz
	dīcere *(3. Pers. Pl.* dīcunt)	sagen	diktieren
	clāmāre	rufen; schreien	
	movēre	1. bewegen	e. to move
		2. beeindrucken	
15	dōnum	Geschenk	
	cupere *(3. Pers. Pl.* cupiunt)	wünschen; wollen	
	ita *(Adv.)*	so	
	necesse est *(+ Inf.)*	es ist notwendig	e. necessary
	apportāre	herbeitragen; (über)bringen	apportieren
20	invenīre	(er)finden	e. invention
	cūrāre *(+ Akk.)*	1. behandeln; pflegen	kurieren, Kur
		2. sich um etw. kümmern; sorgen (für)	
	vertere *(3. Pers. Pl.* vertunt)	drehen; wenden	
	relinquere *(3. Pers. Pl.* relinquunt)	1. verlassen	Reliquie
		2. unbeachtet lassen	
	cibus	Nahrung; Speise; Futter	

25	herba	Gras; Pflanze
	frūmentum	Getreide
	tandem *(Adv.)*	endlich

Lektion 3
Wiederholung

necesse est *(+Inf.)*	es ist notwendig
frūmentum	Getreide
cupere *(3. Pers. Pl.* cupiunt)	wünschen; wollen
dōnum	Geschenk
tandem *(Adv.)*	endlich
pater	Vater

Lernwortschatz

	malus, a, um	schlecht; böse	↔ bonus
	inīquus, a, um	1. ungleich	
		2. ungerecht	
	bonus, a, um	gut	Bonus
	puer *(Nom. Pl.* puerī)	Junge	
5	fortūna	Zufall; Glück; Schicksal	Fortuna Düsseldorf / Köln
	miser, misera, miserum	bedauernswert; unglücklich	miserabel
	tolerāre	ertragen	tolerant
	tacēre	schweigen	
	emere *(3. Pers. Pl.* emunt)	kaufen	
10	ancilla	Sklavin	
	probus, a, um	tüchtig; anständig; gut	Probe
	vir	Mann	
	vēndere *(3. Pers. Pl.* vēndunt)	verkaufen	↔ emere
	ecce! *(indekl.)*	sieh / seht da! da ist	
15	pulcher, pulchra, pulchrum	schön	
	quoque *(nachgestellt)*	auch	= etiam
	multī, ae, a	viele	multi-medial
	certē *(Adv.)*	sicherlich	e. certain
	verbum	Wort	Verb (≠ Wort)
20	nōn iam	nicht mehr	
	audīre	hören	Audio
	familia	Hausgemeinschaft; Familie; Sklavenschar	
	puella	Mädchen	↔ puer
	vērē *(Adv.)*	wirklich	

Lernwortschatz

25 dēsinere *(3. Pers. Pl.* dēsinunt)	aufhören	
errāre	sich irren; umherirren	e. error

Lektion 4
Wiederholung

vidēre	sehen
adesse	1. da sein 2. helfen
currere *(3. Pers. Pl.* currunt)	laufen; eilen
silentium	Stille; Schweigen
tacēre	schweigen
fortūna	Zufall; Glück; Schicksal
pater *m. (Akk.* patrem)	Vater
māter *f. (Akk.* mātrem)	Mutter

Lernwortschatz

in *(+ Akk.)*	1. in *etw.* hinein *(wohin?)* 2. nach; gegen; zu	
campus	Feld; freier Platz	Camping
magnus, a, um	1. groß 2. bedeutend	»Magnum«
turba	1. Menschenmenge 2. Lärm; Verwirrung	Turbine
5 homō *m. (Akk.* hominem)	Mensch *Pl.:* die Leute	
laetus, a, um	fröhlich	
per *(+ Akk.)*	1. durch; über (… hinaus) 2. während	
carmen *n. (Nom. Pl.* carmina)	Lied; Gedicht; Gebet	
cantāre	singen	Kantate
10 sacerdōs *m. / f. (Akk.* sacerdōtem)	Priester / Priesterin	
imperātor *m. (Akk.* imperātōrem)	1. Oberbefehlshaber 2. Kaiser; Herrscher	Imperativ
ad *(+ Akk.)*	zu; nach; bei; an	
āra	Altar	
nunc *(Adv.)*	jetzt; nun	
15 stāre	stehen	Stativ
deus *(Nom. / Vok. Pl. statt* deī *meist* dī)	Gott	
implōrāre	*jmdn.* anflehen	
accipere *(3. Pers. Pl.* accipiunt)	1. annehmen; bekommen 2. erfahren	e. to accept; akzeptieren

	hostia	Opfertier	Hostie
20	dare	geben	
	pāx *f.* (*Akk.* pācem)	Friede	
	tum *(Adv.)*	dann; damals; darauf	
	immolāre	opfern	
	timēre	(sich) fürchten (vor)	
25	flēre	(be)weinen	
	frāter *m.* (*Akk.* frātrem)	Bruder	
	soror *f.* (*Akk.* sorōrem)	Schwester	
	plācāre	beruhigen	

Lektion 5
Wiederholung

	frāter *m.* (*Akk.* frātrem)	Bruder
	avus	Großvater
	stāre	stehen
	placēre	gefallen
	dēsinere (*3. Pers. Pl.* dēsinunt)	aufhören

Lernwortschatz

	cum (+ *Abl.*)	mit	
	in (+ *Abl.*)	in *etw.* (*wo?*); an; auf; bei	
	hodiē *(Adv.)*	heute	
	pūgnāre	kämpfen	
5	hōra	Stunde	e. hour
	populus	Volk	e. people
	gaudēre (+ *Abl.*)	sich (über *etw.*) freuen	Gaudi
	adversārius	Gegner	
	vōx *f.* (*Akk.* vōcem)	1. Stimme 2. Wort; Äußerung	Vokal
10	salūtāre	grüßen	salutieren
	sīgnum	1. Zeichen 2. Feldzeichen 3. Statue	Signal; e. sign
	arma *n. Pl.*	Waffen	Armee
	incipere (*3. Pers. Pl.* incipiunt)	anfangen	
	vīs *f.* (*Akk.* vim, *Abl.* vī; *Nom. Pl.* vīrēs)	1. Kraft 2. Gewalt *Pl. auch:* Streitkräfte	≠ vir, virī

Lernwortschatz

15 petere (*3. Pers. Pl.* petunt) [»anpeilen«]
1. aufsuchen; sich begeben
2. verlangen; (er)bitten
3. angreifen
Etc., beachte das Rondogramm!

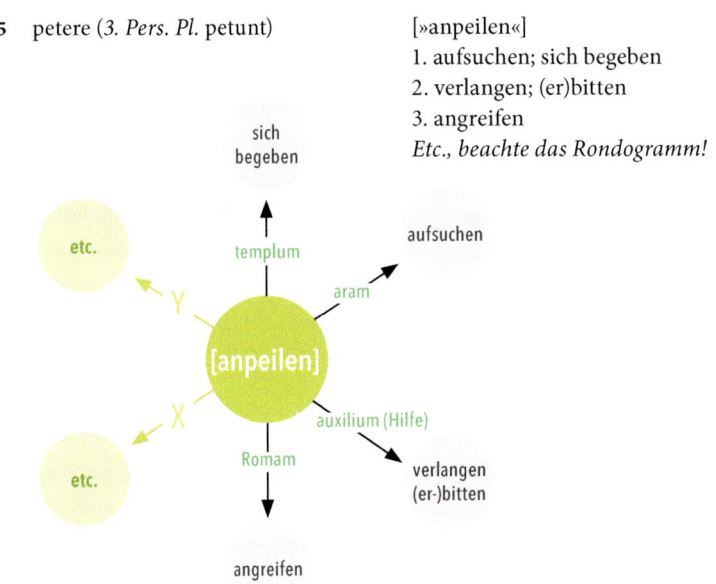

resistere (*3. Pers. Pl.* resistunt)	1. stehen bleiben 2. Widerstand leisten	
pūgna	Kampf; Schlacht	→ pūgnāre
quia	weil	
autem	aber	
20 gladius	Schwert	Gladiator
āmittere (*3. Pers. Pl.* āmittunt)	verlieren	
iacēre	liegen	
tōtus, a, um	ganz; gesamt	total
corpus *n.* (*Nom. Pl.* corpora)	Körper	
25 dolus	List	
ē, ex (*+ Abl.*)	aus *etw.* heraus; von *etw.* her	e. exit
ā, ab (*+ Abl.*)	von; von *etw.* her	
vīta	Leben	

Lektion 6
Wiederholung

gaudēre (*+ Abl.*)	sich (über *etw.*) freuen
vidēre	sehen
audīre	hören
āra	Altar
adesse	1. da sein 2. helfen

Lernwortschatz

	salvēte!	Seid gegrüßt! Guten Tag!	
	quod	weil	= quia
	tū (Akk. tē)	du (Akk. dich)	
	nōs (Akk. nōs)	wir (Akk. uns)	
5	iterum	wiederum; noch einmal	
	sacrificium	Opfer	
	egō (Akk. mē)	ich (Akk. mich)	Egoist
	imprīmīs (Adv.)	vor allem	
	nōnne …?	etwa nicht? (man erwartet die Antwort: doch)	
10	nōn sōlum …, sed etiam	nicht nur …, sondern auch	
	poēta m.	Dichter	Poet
	tam (Adv.)	so	
	clārus, a, um	1. hell; strahlend 2. berühmt	klar
	uxor f. (Akk. uxōrem)	Ehefrau	
15	vōs (Akk. vōs)	ihr (Akk. euch)	
	-ne …?	*Fragepartikel*	
	lūdus	1. Spiel 2. Wettkampf 3. Schule	
	dēlectāre	erfreuen; jmdm. Spaß machen	
	dē (+ Abl.)	von *etw.* herab; von *etw.* weg; über *etw.*	
20	marītus	Ehemann	↔ uxor
	num …?	denn; etwa? (man erwartet die Antwort: nein)	↔ nōnne
	etiamsī	auch wenn	
	nūllus, a, um	kein; keiner	Null
	fortasse (Adv.)	vielleicht	

Lektion 7
Wiederholung

homō, hominis m.	Mensch; *Pl.* die Leute
turba, ae	1. Menschenmenge 2. Lärm; Verwirrung
vir, virī	Mann
apportāre	herbeitragen; (über)bringen
vīs f. (Sg.: Akk. vim, Abl. vī; Pl.: vīrēs, vīrium)	1. Kraft 2. Gewalt *Pl. auch*: Streitkräfte

Lernwortschatz

Lernwortschatz

	clāmor, ōris *m.*	Geschrei	→ clāmāre
	mulier, ris *f.*	Frau	↔ vir
	flamma, ae	Flamme; Feuer	
	taberna, ae	1. Laden; Werkstatt 2. Gasthaus	Taverne
5	mercātor, ōris *m.*	Kaufmann	Markt
	ārdēre	brennen; glühen	
	atque/ac	und	
	iterum atque iterum	immer wieder	
	aqua, ae	Wasser	*Aquä*-dukt
10	fundere, fundō	1. (ver)gießen 2. zerstreuen; in die Flucht schlagen	
	auxilium, ī	Hilfe	
	vincere, vincō	(be)siegen	e. victory
	incendium, ī	Brand	
	dēlēre	zerstören	e. to delete
15	merx, cis *f.* (*Gen. Pl.* mercium)	Ware	→ mercātor
	meus, a, um	mein	
	lucrum, ī	Gewinn	lukrativ
	annus, ī	Jahr	
	miseria, ae	Unglück	→ miser
20	noster, nostra, nostrum	unser	
	bonum, ī bona, ōrum	das Gute Hab und Gut; Besitz	→ bonus, a, um
	vocāre	1. rufen 2. nennen	Vokativ
	salūs, salūtis *f.*	1. Wohlergehen 2. Rettung	
	vester, vestra, vestrum	euer	↔ noster
25	tuus, a, um	dein	
	iuvāre *(+ Akk.)*	1. unterstützen; helfen *(im Dt. mit Dativ!)* 2. erfreuen	
	suus, a, um	sein / ihr	

Lernwortschatz

Lektion 8
Wiederholung

placēre	gefallen
herba, ae	Gras; Pflanze
cūrāre *(+ Akk.)*	1. behandeln; pflegen
	2. sich *um etw.* kümmern; sorgen (für)
licet *(+Dat. + Inf.)*	es ist erlaubt
dare	geben
incitāre	1. erregen
	2. antreiben

Lernwortschatz

	maximē *(Adv.)*	am meisten; sehr; besonders	maximal
	magis *(Adv.)*	mehr	
	equus, ī	Pferd	
	praebēre	geben	
5	rogāre	1. fragen	
		2. bitten	
	respondēre	antworten	e. response
	mēcum	mit mir	
	pecus, oris *n.*	Vieh	
	asinus, ī	Esel	
10	inquit *(eingeschoben in die direkte Rede)*	er, sie, es sagt(e)	
	habēre	haben	
	posse	können; Einfluss haben	
	itaque	deshalb	
	capere, capiō	»packen«	
		1. erobern	
		2. nehmen	
		3. erhalten	
		Etc., beachte das Rondogramm!	

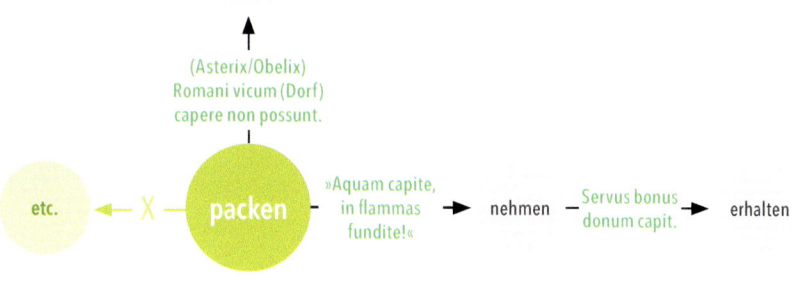

Lernwortschatz

15	comprehendere, comprehendō	1. ergreifen; festnehmen 2. begreifen	e. comprehension
	reprehendere, reprehendō	tadeln	
	quaerere, quaerō	suchen	
	quaerere ex *(+ Abl.)*	(suchen →) *jmdn.* fragen	e. question
	neque/nec	und nicht; aber nicht	
	neque … neque/nec … nec	weder … noch	
	dēnique *(Adv.)*	zuletzt; schließlich	
20	hortus, ī	Garten	Hort
	properāre	eilen	

Lektion 9
Wiederholung

līberī, ōrum	Kinder
dīcere, dīcō	sagen
pārēre	gehorchen
dēbēre	1. müssen 2. schulden 3. verdanken
semper *(Adv.)*	immer
verbum, ī	Wort
necesse est *(+Inf.)*	es ist notwendig

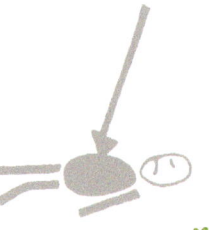

Lernwortschatz

	sī	falls; wenn	
	cēnsēre	1. meinen 2. beschließen	
	diū *(Adv.)*	lange *(zeitl.)*	
	mortuus, a, um	tot	
5	īgnōrāre	nicht kennen; nicht wissen	Ignorant
	nōn īgnōrāre	genau kennen; genau wissen	
	tamen	trotzdem	
	putāre	1. glauben; meinen 2. für *etw.* halten	
	labōrāre	1. sich bemühen; arbeiten 2. in Schwierigkeiten sein; leiden	Labor
	lūdere, lūdō	spielen	

Lernwortschatz

10	officium, ī	Dienst; Pflicht(erfüllung)	Offizier
	facere, faciō	tun; machen	
	nam	denn	
	virtūs, tūtis *f.*	*alles, was einen echten* vir *auszeichnet:* 1. Tapferkeit 2. Tugend 3. Tüchtigkeit; Vortrefflichkeit *Etc., beachte das Rondogramm!*	

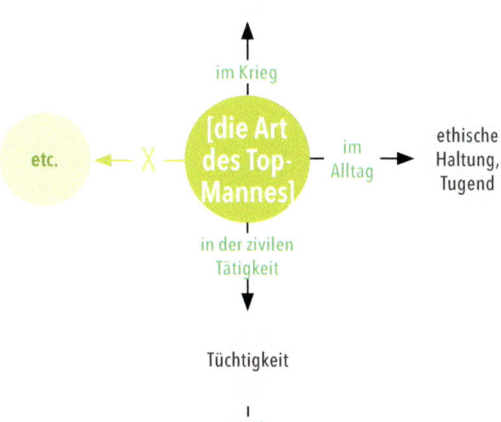

	Rōmānus, a, um	römisch	
15	Rōmānus, ī	Römer	
	iubēre	befehlen	
	cōnstat *(+ AcI)*	es steht fest, dass	konstant
	amāre	lieben; mögen	Amateur
	libenter *(Adv.)*	gern	
20	gaudium, ī	Freude	→ gaudēre
	īra, ae	Zorn	

Lernwortschatz

Lektion 10
Wiederholung

taberna, ae	1. Laden; Werkstatt 2. Gasthaus	
vēndere, vēndō	verkaufen	
trahere, trahō	ziehen	
resistere, resistō	1. stehen bleiben 2. Widerstand leisten	
vincere, vincō	(be)siegen	

Lernwortschatz

	is, ea, id	der; dieser; er	
	vestis, is *f.*	Bekleidung	Weste
	varius, a, um	1. verschieden 2. bunt; vielfältig	variieren
	quid?	was?	
5	toga, ae	Toga	
	cārus, a, um	1. teuer; wertvoll 2. lieb	Caritas
	minimē *(Adv.)*	ganz und gar nicht; am wenigsten	minimal
	intellegere, intellegō	bemerken; verstehen	intelligent
	eques, equitis *m.*	1. Reiter 2. Ritter	→ equus
10	novus, a, um	neu	
	alius, alia, aliud	ein anderer	
	neglegere, neglegō	1. nicht beachten; missachten 2. vernachlässigen	e. to neglect
	forum, ī	Forum; Marktplatz	
	pānis, is *m.*	Brot	
15	profectō *(Adv.)*	in der Tat; sicherlich	
	cupidus, a, um *(+ Gen.)*	gierig (auf *etw.*)	→ cupere
	monēre	(er)mahnen	
	cupiditās, tātis *f.*	Begierde (nach *etw.*); Leidenschaft	→ cupidus, cupere
	ergō	also	
20	idōneus, a, um	geeignet (für *etw.*)	
	dignus, a, um *(+ Abl.)*	*einer Sache* würdig	
	-que	und	
	pretium, ī	Preis; Lohn	
	numquam *(Adv.)*	niemals	↔ semper
25	pecūnia, ae	Geld	
	ōrnāmentum, ī	Schmuck	Ornament

Lektion 11
Wiederholung

hortus, ī	Garten
malus, a, um	schlecht; böse
timēre	(sich) fürchten (vor)
itaque	deshalb
iubēre	befehlen
libenter *(Adv.)*	gern

Lernwortschatz

īre, eō	gehen	
fābula, ae	Geschichte; Erzählung	Fabel
agere, agō	»treiben« 1. tun; handeln 2. verhandeln *Etc., beachte das Rondogramm!*	

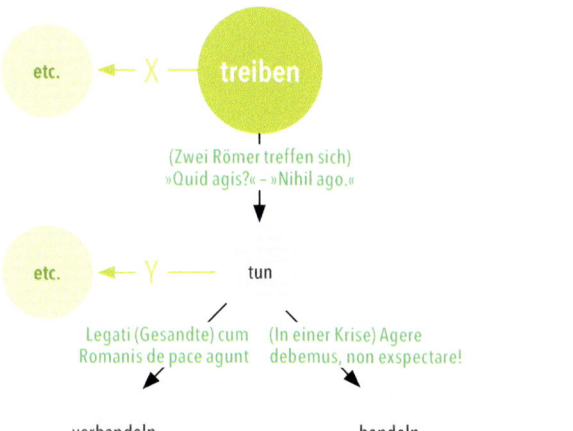

rēx, rēgis *m.*	König	regieren
5 nārrāre	erzählen	e. narrator
quamquam	obwohl	
virgō, virginis *f.*	(junge) Frau	
parere, pariō	1. gebären 2. hervorbringen; erwerben	≠ pārēre
rēgnum, ī	1. Königsherrschaft; Alleinherrschaft 2. Königreich	→ rēx
10 fīdus, a, um	treu	
ab-īre, -eō	weggehen	→ īre
flūmen, flūminis *n.*	Fluss	

Lernwortschatz

	necāre	töten	
	rē vērā	wirklich; tatsächlich	
15	servāre	retten; bewahren	Kon-*serve*
	haerēre	hängen; stecken bleiben	
	nōtus, a, um	bekannt	→ īg-nōrāre
	trādere, trādō	1. übergeben 2. überliefern	Tradition
	haud *(Adv.)*	nicht; nicht gerade	
20	simulāre	vortäuschen	simulieren
	ad-īre, -eō	»*jmdn.* an-gehen« 1. zu … gehen 2. angreifen	
	pōnere, pōnō	stellen; legen	Position
	stultus, a, um	dumm	
	altus, a, um	1. tief 2. hoch	
25	sīc *(Adv.)*	so	
	dēmōnstrāre	(deutlich) zeigen; beweisen	demonstrieren

Lektion 12
Wiederholung

	exspectāre	(er)warten
	ubi?	wo?
	agere, agō	»treiben« 1. tun; handeln 2. verhandeln
	uxor, uxōris *f.*	Ehefrau
	mulier, ris *f.*	Frau
	salūs, salūtis *f.*	1. Wohlergehen 2. Rettung
	licet *(+ Inf.)*	es ist erlaubt

Lernwortschatz

	gēns, gentis *f.* *(Gen. Pl.* gentium)	1. (vornehme) Familie; Geschlecht 2. Volk; Stamm	e. *gentle*-man
	antīquus, a, um	alt	Antiquität
	postquam	nachdem	
	urbs, urbis *f.* *(Gen. Pl.* urbium)	(sehr) bedeutende Stadt; Rom	
5	amīcus, ī	Freund	
	aedificāre	bauen	

Lernwortschatz

ūnus, a, um	1. ein (einziger) 2. einzigartig	
multum *(Adv.)*	1. viel; sehr 2. oft	*multi*-plizieren
sine *(+ Abl.)*	ohne	↔ cum
10 vīvere, vīvō	leben	→ vīta
dēlīberāre	überlegen	
dūcere, dūcō	1. führen 2. meinen; für *etw.* halten	
parāre	(vor)bereiten	≠ pārēre; ≠ parere
invītāre	einladen	e. to invite
15 volāre	fliegen	
rapere, rapiō	rauben; (weg)reißen	
bellum, ī	Krieg	↔ pax
contrā *(+ Akk.)*	gegen	»pro und contra«
fīnis, is *m. (Gen. Pl.* fīnium)	1. Grenze (*im Pl. auch* Gebiet); Ende 2. Ziel; Zweck	Finale; e. to finish
20 sōlus, a, um	allein	Solo
tamquam *(Adv.)*	wie	

Lektion 13
Stammformen bekannter Verben

venīre, veniō, vēnī, ventum	kommen
agere, agō, ēgī, āctum	»treiben« 1. tun; handeln 2. verhandeln
cupere, cupiō, cupīvī, cupītum	wünschen; wollen
ārdēre, ārdeō, ārsī, –	brennen; glühen
posse, possum, potuī, –	können; Einfluss haben
dēlēre, dēleō, dēlēvī, dēlētum	zerstören
ad-īre, -eō, -iī, -itum	»*jmdn.* an-gehen« 1. zu … gehen 2. angreifen
flēre, fleō, flēvī, flētum	(be)weinen
dare, dō, dedī, datum	geben
facere, faciō, fēcī, factum	tun; machen
adesse, adsum, affuī, –	1. da sein 2. helfen
dīcere, dīcō, dīxī, dictum	sagen

Lernwortschatz

Lernwortschatz

grātia, ae	*Positives Verhältnis zwischen Menschen:* 1. Ausstrahlung 2. Beliebtheit; Sympathie 3. Gefälligkeit 4. Dank *Etc., beachte das Rondogramm!*	
grātiās agere	danken	

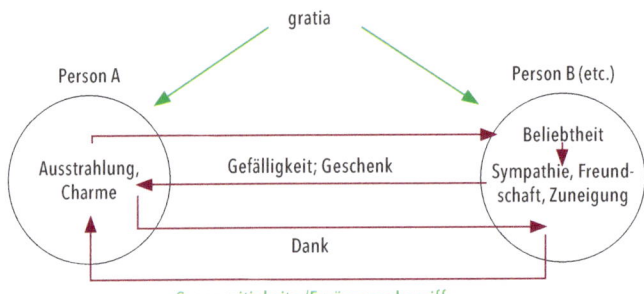

	nūper *(Adv.)*	kürzlich	
	ex-stinguere, -stinguō, -stīnxī, -stīnctum	auslöschen; vernichten	
	nihil	nichts	
5	praeter *(+ Akk.)*	außer	
	re-manēre, -maneō, -mānsī, –	(zurück)bleiben	e. to remain
	dēspērāre	verzweifeln	
	calamitās, ātis *f.*	Unglück; Schaden	
	beneficium, ī	Wohltat	→ bonus
10	tribuere, tribuō, tribuī, tribūtum	zuteilen	Tribut
	re-stituere, -stituō, -stituī, -stitūtum	wiederherstellen	
	rumpere, rumpō, rūpī, ruptum	(zer-)brechen	
	re-movēre, -moveō, -mōvī, -mōtum	entfernen	e. to remove
	mūrus, ī	Mauer	
15	re-parāre	wiederherstellen; reparieren	e. to repair
	com-plēre, -pleō, -plēvī, -plētum	anfüllen	komplett
	plūs	mehr	Plus (Mathematik)
	quam	als; wie	
	anteā *(Adv.)*	vorher; früher	
20	rūrsus *(Adv.)*	wieder	
	fāma, ae	(guter / schlechter) Ruf; Gerücht	famos, e. famous
	augēre, augeō, auxī, auctum	vergrößern	Auktion
	opus est *(+ Abl.)*	man braucht; es ist nötig	mihi opus est aquā

Lernwortschatz

Lektion 14
Stammformen bekannter Verben

petere, petō, petīvī, petītum	[»anpeilen«] 1. aufsuchen; sich begeben 2. verlangen; (er)bitten 3. angreifen
invenīre, inveniō, invēnī, inventum	(er)finden
fundere, fundō, fūdī, fūsum	1. (ver)gießen 2. zerstreuen; in die Flucht schlagen
vincere, vincō, vīcī, victum	(be)siegen
dēsinere, dēsinō, dēsiī, dēsitum	aufhören
accipere, accipiō, accēpī, acceptum	1. annehmen; bekommen 2. erfahren

Lernwortschatz

clādēs, is *f.* (Gen. Pl. clādium)	1. Niederlage 2. Katastrophe	
nātiō, ōnis *f.*	Volk; Volksstamm	Nation, e. nation
Germānus, ī	Germane	
trāns-īre, -eō, -iī, -itum	hinübergehen; überqueren	
5 mīles, mīlitis *m.*	Soldat	Militär
re-pellere, repellō, reppulī, repulsum	vertreiben; zurückschlagen	
contendere, -tendō, -tendī, -tentum	[»sich anstrengen«] 1. kämpfen 2. eilen 3. behaupten *Etc., beachte das Rondogramm!*	

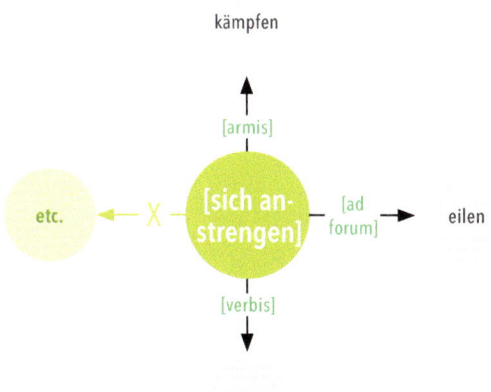

Lernwortschatz

	re-cipere, -cipiō, -cēpī, -ceptum	zurücknehmen; empfangen	to receive
	sē recipere	sich zurückziehen	
	tergum, ī	Rücken	
10	modo *(Adv.)*	1. nur 2. gerade eben (noch)	
	comperīre, comperiō, comperī, compertum	erfahren	
	cōpia, ae	1. Menge; Vorrat 2. Möglichkeit	
	cōpiae, ārum	*Pl.:* Truppen	
	vix *(Adv.)*	kaum	
	crēdere, crēdō, crēdidī, crēditum	1. glauben 2. anvertrauen	Kredit
15	praeclārus, a, um	hochberühmt; ausgezeichnet	
	voluptās, ātis *f.*	Lust; Vergnügen	
	senātor, ōris *m.*	Senator	
	legiō, ōnis *f.*	Legion	
	nostrī, ōrum	unsere Leute; die Unsrigen	
20	ē-ripere, -ripiō, -ripuī, -reptum	entreißen	
	indignus, a, um *(+ Abl.)*	*einer Sache* unwürdig	↔ dignus
	tantus, a, um	so groß	
	oportet	es gehört sich; es ist nötig	
	spērāre	hoffen	↔ dēspērāre
25	pergere, pergō, perrēxī, perrēctum	1. weitermachen; fortsetzen 2. aufbrechen (≈ sich auf den Weg machen)	

Lektion 15
Stammformen bekannter Verben

intellegere, intellegō, intellēxī, intellēctum	bemerken; verstehen	
quaerere, quaerō, quaesīvī, quaesītum	suchen	
quaerere ex *(+ Abl.)*	(suchen →) *jmdn.* fragen	
respondēre, respondeō, respondī, respōnsum	antworten	
dūcere, dūcō, dūxī, ductum	1. führen 2. meinen; für *etw.* halten	
iubēre, iubeō, iussī, iussum	befehlen	

Lernwortschatz

quōmodo	wie
nūptiae, ārum	Hochzeit

Lernwortschatz

cum *(+ Ind.)*	als; immer, wenn	
con-venīre, -veniō, -vēnī, -ventum	»zusammenkommen« 1. jmdn. treffen 2. sich einigen	Konvention
5 hospes, hospitis *m.*	Fremder; Gast	Hospital
domum *(Adv.)*	nach Hause	
scīre, sciō, scīvī, scītum	wissen	e. science
ne-scīre, nesciō, nescīvī, nescītum	nicht wissen	↔ scīre
rīdēre, rīdeō, rīsī, rīsum	lachen	e. ridiculous
10 quandō *(Adv.)*	wann	
littera, ae	Buchstabe *Pl.*: [»Geschriebenes«] 1. Brief(e) 2. Wissenschaft(en) 3. Literatur *Etc., beachte das Rondogramm!*	

Graecus, a, um	griechisch	
Graecus, ī	Grieche	
studēre *(+ Dat.)*	sich bemühen (um)	Student
15 legere, legō, lēgī, lēctum	1. sammeln; auswählen 2. lesen	Lektüre
amor, amōris *m.*	Liebe	
nūbere, nūbō, nūpsī, nūptum *(+ Dat.)*	heiraten	→ nūptiae
mox *(Adv.)*	bald	

Lernwortschatz

	herī *(Adv.)*	gestern	e. honest
20	honestus, a, um	ehrenhaft; angesehen	
	dōs, dōtis *f.*	Mitgift	→ dare
	amplus, a, um	1. weit 2. groß; bedeutend	
	prōmittere, promittō, prōmīsī, prōmissum	versprechen	e. to promise

Lektion 16

Stammformen bekannter Verben und Wiederholungswörter

iuvāre, iuvō, iūvī, iūtum	1. unterstützen; helfen 2. erfreuen
āmittere, āmittō, āmīsī, āmissum	verlieren
parere, pariō, peperī, partum	1. gebären 2. hervorbringen; erwerben
vōx, vōcis *f.*	1. Stimme 2. Wort; Äußerung
laetus, a, um	fröhlich
praebēre	geben

Lernwortschatz

	coniūnx, coniugis *m. / f.*	Ehemann / Ehefrau	
	propter *(+ Akk.)*	wegen	
	ōs, ōris *n.*	Mund; Gesicht	»Oral-B«
	oculus, ī	Auge	
5	fōrma, ae	Form; Gestalt; Schönheit	
	iūcundus, a, um	angenehm	
	cor, cordis *n.*	Herz	
	dīligere, dīligō, dīlēxī, dīlēctum	schätzen; lieben	
	optimus, a, um	der beste; sehr gut	optimal, Optimist
10	crās *(Adv.)*	morgen	↔ herī

Lernwortschatz

	domō *(Adv.)*	von zu Hause	↔ domum
	ex-īre, exeō, exiī, exitum	hinausgehen	e. exit
	vīlla, ae	Haus	
	trēs, trēs, tria	drei	i. tre
15	duo, duae, duo	zwei	i. due
	prīmum *(Adv.)*	zuerst; zum ersten Mal	
	aut	oder	
	vērus, a, um	1. wahr 2. richtig; echt	
	dea, ae	Göttin	
20	colere, colō, coluī, cultum	[»sich intensiv beschäftigen mit«] 1. bewirtschaften 2. pflegen 3. verehren *Etc., beachte das Rondogramm!*	

Rondogramm zu colere: [sich intensiv beschäftigen] — villam: bewohnen, bewirtschaften; hortum: bewirtschaften; corpus; litteras: pflegen; homines: hochschätzen; deos: verehren; etc.: X

	ōrāre	bitten	Oratorium
	vel	oder	= aut
	metuere, metuō, metuī, –	(sich) fürchten	= timēre
	ops, opis *f.* *Pl.* opēs, opum	Kraft; Hilfe *Pl.*: Macht; Streitkräfte; Reichtum	
25	saepe *(Adv.)*	oft	
	ōtium, ī	1. Ruhe 2. freie Zeit 3. Frieden	

Lernwortschatz

Lektion 17

Stammformen bekannter Verben

neglegere, neglegō, neglēxī, neglēctum	1. nicht beachten; missachten 2. vernachlässigen
relinquere, relinquō, relīquī, relictum	1. verlassen 2. unbeachtet lassen
trādere, trādō, trādidī, trāditum	1. übergeben 2. überliefern
vidēre, videō, vīdī, vīsum	sehen
comprehendere, -prehendō, -prehendī, -prehēnsum	1. ergreifen; festnehmen 2. begreifen
rapere, rapiō, rapuī, raptum	rauben; (weg)reißen
capere, capiō, cēpī, captum	»packen« 1. erobern 2. nehmen 3. erhalten
movēre, moveō, mōvī, mōtum	1. bewegen 2. beeindrucken

Lernwortschatz

nūntius, ī	Bote; Nachricht	e. to an-nounce
dolor, dolōris *m.*	Schmerz	
post *(+ Akk.)*	nach; hinter	
barbarus, a, um	1. ausländisch 2. unzivilisiert	Barbar
5 salvus, a, um	gesund; am Leben	→ salvē »lebe wohl«
reddere, reddō, reddidī, redditum	1. zurückgeben 2. zu *etw.* machen	→ dare
et … et	sowohl … als auch	
saevus, a, um	schrecklich	
superāre	besiegen; übertreffen	
10 prō *(+ Abl.)*	1. vor 2. für; an Stelle von *etw.* 3. im Verhältnis zu *etw.*	vgl. im Dt. die entsprechende Bedeutungsvielfalt von »für«
patria, ae	Heimat	→ pater
red-īre, -eō, -iī, -itum	zurückgehen	
tempus, temporis *n.*	Zeit	
fugere, fugiō, fūgī, fugitum	fliehen	

Lernwortschatz

15	victōria, ae	Sieg	e. victory
	cīvis, cīvis *m.* (*Gen. Pl.* cīvium)	Bürger	zivil
	modus, ī	Art (und Weise)	Mode
	honōs (= honor), honōris *m.*	Ehre; Ehrenamt	e. honour
	per-venīre, -veniō, -vēnī, -ventum	hinkommen; erreichen	
20	aliquandō (*Adv.*)	irgendwann	
	praetor, ōris *m.*	Prätor	
	cōnsul, cōnsulis *m.*	Konsul	
	animus, ī	[»das tätige Innenleben«] Geist; Sinn; Gesinnung; Herz; Mut *Etc., beachte das Rondogramm!*	animieren

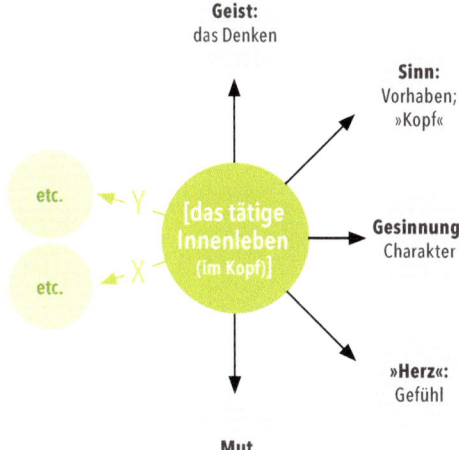

	bene (*Adv.*)	gut	→ bonus

Grammatik

Lektion 1

Die lateinische Sprache ist – wie z. B. auch die deutsche – eine Art Baukasten, aus dem man einzelne Wörter und dann daraus wieder einzelne Sätze zusammensetzen kann. Viele dieser Bausteine kennst du schon dem Namen nach aus dem Deutsch- und aus dem Englischunterricht.

Das Substantiv

1. Substantive haben ein Genus (Geschlecht)

Wie das Deutsche kennt auch das Lateinische bei Substantiven (Namenwort, Hauptwort) drei Genera:
- das Femininum (weibliches Geschlecht)
- das Maskulinum (männliches Geschlecht)
- das Neutrum (sächliches Geschlecht)

Tipp: Im Deutschen erkennst du das Genus am Artikel (Begleiter). Im Lateinischen gibt es keinen Artikel, dafür zeigt dir oft die Endung das Genus an. Ob du bei der Übersetzung den bestimmten oder den unbestimmten Artikel verwenden musst, kannst du nur aus dem Zusammenhang erschließen.

fīli-	a	feminin	eine / die Tochter
fīli-	us	maskulin	ein / der Sohn
silenti-	um	neutrum	ein / das Schweigen

Im Lateinischen ist ein männliches Lebewesen immer ein Maskulinum und ein weibliches Lebewesen immer ein Femininum (natürliches Geschlecht) – das Deutsche ist hier nicht immer so konsequent (vgl. »das Mädchen«).

2. Substantive lassen sich in Klassen einteilen

Substantive mit gleichen Endungen werden zu Deklinationen (Wortklassen) zusammengefasst, die bestimmte Eigenschaften gemeinsam haben:

fīli-	a	1. oder a-Deklination (feminin)
fīli-	us	2. oder o-Deklination (maskulin)
negōti-	um	2. oder o-Deklination (neutrum)

Die Bezeichnung a- bzw. o-Deklination beruht darauf, dass die Endung in einigen Kasusformen den Kennlaut -a- bzw. -o- enthält. Du wirst ihn später (z.B. im Akkusativ Plural) noch kennenlernen.

3. Substantive sind veränderbar: Nominativ Singular und Plural

Das Substantiv besteht aus einem unveränderlichen Wortstamm, der die Bedeutung trägt, und einer Endung, die veränderbar ist. Sie enthält Informationen über
- den Kasus (Fall),
- den Numerus (Anzahl) und
- oft auch über das Genus (Geschlecht) des Substantivs.

In dieser Lektion lernst du die Substantive im Nominativ (erster Fall) im Singular (Einzahl) und im Plural (Mehrzahl) kennen:

1. oder a-Deklination

	Singular		Plural	
Nom.	fili-a	die Tochter	fili-ae	die Töchter

2. oder o-Deklination (m.)

	Singular		Plural	
Nom.	fili-us	der Sohn	fili-ī	die Söhne

2. oder o-Deklination (n.)

	Singular		Plural	
Nom.	negōti-um	die Aufgabe	negōti-a	die Aufgaben

fili-a

fili-ae

Eine Besonderheit der o-Deklination sind Substantive, die im Nominativ Singular auf -er enden. Bei vielen dieser Substantive verschwindet in den anderen Kasus der Vokal (Selbstlaut) -e-: *caper* → *caprī*.

Im Wortschatz stehen Substantive zunächst immer im Nominativ Singular. Besonderheiten werden zusätzlich angegeben.

Tipp: Beim Wortschatzlernen musst du also genau aufpassen, dass du mit jedem lateinischen Substantiv folgende Informationen nennen kannst:
- die deutsche(n) Bedeutung(en),
- das Genus,
- die Deklination und
- die besonderen Formen.

Verlass dich nicht darauf, dass das Genus in beiden Sprachen übereinstimmt: Das ist oft nicht der Fall!

Grammatik

Das Verbum

1. Verben lassen sich in Klassen einteilen

Im Wortschatz wird das Verbum (Tätigkeitswort, Zeitwort) im Infinitiv (Grundform) aufgeführt. Der lateinische Infinitiv ist meist an der Endung *-re* erkennbar, die an den Wortstamm angehängt wird.

Vor dieser Endung findest du oft einen Vokal. Verben mit demselben Vokal bilden eine eigene Konjugation (Verbklasse), die auch sonst bestimmte Eigenschaften gemeinsam hat.

Eine Ausnahme ist das Verbum *esse*. Es ist (wie auch das deutsche »sein« und das englische »to be«) unregelmäßig.

habit-	-ā-	-re	a-Konjugation
plac-	-ē-	-re	e-Konjugation
ven-	-ī-	-re	i-Konjugation
es-		-se	unregelmäßig

2. Verben sind veränderbar: Infinitiv und 3. Person Singular/Plural

Das Verbum besteht wie das Substantiv aus einem Wortstamm, der die Bedeutung trägt, und einer Endung, die unter anderem Informationen angibt über

- die handelnde(n) Person(en),
- deren Numerus (Anzahl) und
- das Tempus (den Zeitpunkt der Handlung).

Je nachdem, von wem das Verbum handelt, spricht man von der 1., 2. oder 3. Person. Umfasst die Handlung mehrere Personen, wechselt das Verbum vom Singular in den Plural (ich – du – er, sie, es / wir – ihr – sie).

In dieser Lektion lernst du neben dem Infinitiv auch die 3. Person Singular und Plural kennen.

	3. Person Singular		3. Person Plural	
a-Konjugation	habita-t	er, sie, es wohnt	habita-nt	sie wohnen
e-Konjugation	place-t	er, sie, es gefällt	place-nt	sie gefallen
i-Konjugation	veni-t	er, sie, es kommt	veni-u-nt	sie kommen
esse	es-t	er, sie, es ist	su-nt	sie sind

Im Lateinischen wird die Person in der Regel nur durch die Endung ausgedrückt, während im Deutschen vor dem Verbum auch noch ein Personalpronomen (persönliches Fürwort) (*er, sie, es* bzw. *sie*) steht.

Grammatik

Ein einfaches Satzmodell (Subjekt und Prädikat)

Jeder Satz benötigt bestimmte Bestandteile, um vollständig zu sein. Die einzelnen Wörter übernehmen unterschiedliche Funktionen:

Das Prädikat (Satzaussage) gibt an, was in dem Satz eigentlich geschieht. In Aussagesätzen steht das Prädikat fast immer am Satzende; in Fragesätzen kann es nach vorne hinter das Fragewort gezogen werden.

Die handelnde Person eines Satzes bezeichnet man als Subjekt (Satzgegenstand); sie kann mit der Frage »wer oder was?« erschlossen werden.

Subjekt	Prädikat
Servus	intrat.
Der Sklave	tritt ein.

Das Subjekt steht immer im Nominativ. Subjekt und Prädikat müssen im Numerus übereinstimmen (Kongruenz).

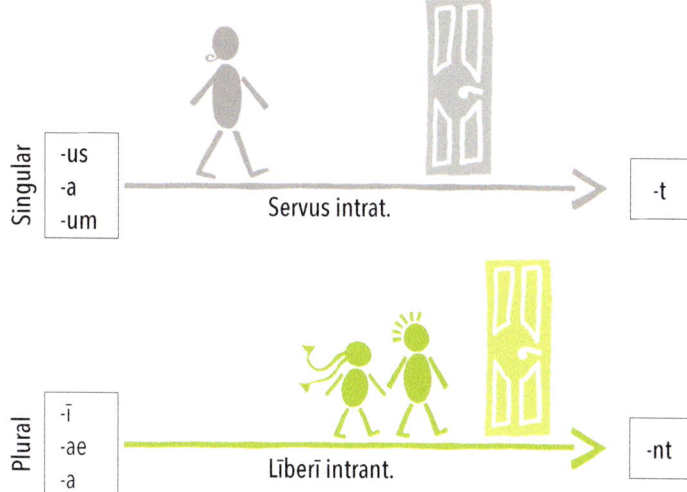

Da im Lateinischen die Person durch eine Endung des Verbums markiert wird, kommen die kürzesten lateinischen Sätze mit einem einzelnen Prädikat aus: *Intrat.*

So geht's

Das Prädikat ist der wichtigste Bestandteil; daher wird es rot unterstrichen – meist findest du es am Satzende. Der Nominativ wird durch eine blaue Unterstreichung markiert. So kannst du auf einen Blick erkennen, wo du das Subjekt (immer im Nominativ!) und das Prädikat für deine Übersetzung findest.

Gāia et Paulla intrant. – Gaia und Paulla kommen herein.

Grammatik

Lektion 2

Der Akkusativ der a- und o-Deklination

Substantive begegnen in lateinischen Texten nicht nur im Nominativ. In dieser Lektion lernst du den Akkusativ (den vierten Fall) kennen, der mit der Frage »wen oder was?« erschlossen werden kann.

1. oder a-Deklination

	Singular		Plural	
Nom.	fīli-a	die Tochter	fīli-ae	die Töchter
Akk.	fīli-**am**	die Tochter	fīli-**ās**	die Töchter

2. oder o-Deklination (m.)

	Singular		Plural	
Nom.	fīli-us	der Sohn	fīli-ī	die Söhne
Akk.	fīli-**um**	den Sohn	fīli-**ōs**	die Söhne

2. oder o-Deklination (n.)

	Singular		Plural	
Nom.	dōn-um	das Geschenk	dōn-a	die Geschenke
Akk.	dōn-**um**	das Geschenk	dōn-**a**	die Geschenke

Vorsicht: Die Akkusativ-Formen des Neutrums sind immer identisch mit den Nominativ-Formen. Du kannst daher nur aus dem Satzzusammenhang erschließen, ob es sich um einen Nominativ oder einen Akkusativ handelt.

Die konsonantische Konjugation: 3. Person Singular und Plural

Der Stamm vieler Verben endet auf einen Konsonanten (Mitlaut). Diese Gruppe wird als konsonantische Konjugation bezeichnet.

Weil aber auch viele Endungen mit einem Konsonanten beginnen, wird dazwischen ein Sprechvokal eingeschoben, der das Sprechen leichter macht: *curr-ĕ-re*

Dasselbe geschieht auch bei den anderen Personen:

curr-**i**-t   er, sie, es läuft   curr-**u**-nt   sie laufen

Bei einer kleinen Gruppe von Verben findet sich in der dritten Person Plural vor dem *-u-nt* noch ein *-i-* (kurzvokalische i-Stämme).

cup**i**-t   er, sie, es wünscht   cup**i**-**u**-nt   sie wünschen

Grammatik 2

Tipp: Beim Wortschatzlernen musst du genau aufpassen, dass du zu jedem Verb auch die Konjugation mitlernst.
- Du kannst die konsonantische Konjugation von der e-Konjugation unterscheiden, da das *e* bei Verben der konsonantischen Konjugation im Infinitiv keinen Längenstrich hat (*currere* ↔ *placēre*).
- Bei den kurzvokalischen i-Stämmen wird eine zusätzliche Form angegeben (anfangs die dritte Person Plural), um dich auf diese Besonderheit hinzuweisen.

Das direkte Objekt

In vielen Sätzen findet sich neben dem Subjekt noch eine zweite, von der Verbalhandlung betroffene Person oder Sache. Wenn sie im Akkusativ steht, wird sie als **direktes Objekt** (Satzergänzung) bezeichnet. Anders als im Deutschen und im Englischen steht dieses direkte Objekt in der Regel vor dem Prädikat.

Nach dem Akkusativobjekt fragst du mit der Frage »wen oder was?«.

Subjekt	Objekt	Prädikat
Servus	caprum	verberat.
Der Sklave	schlägt	den Ziegenbock.

So geht's

Der Akkusativ wird durch eine grüne Unterstreichung markiert. So kannst du auf einen Blick die handelnde Person (Subjekt) von der betroffenen Person oder Sache (Objekt) unterscheiden.
Servus caprum verberat. – Der Sklave schlägt den Ziegenbock.

Lektion 3

Vokativ Singular und Plural

Wenn Menschen miteinander sprechen, reden sie sich manchmal auch direkt an, z.B. mit ihrem Namen. Für diese Anrede gibt es im Lateinischen einen eigenen Fall: den Vokativ.

Die Form ist immer dieselbe wie im Nominativ des jeweiligen Wortes, doch gibt es eine wichtige Ausnahme: Substantive der o-Deklination auf *-us* erhalten im Singular die Endung *-e*.

Vokativ Singular: domin-e   (o) Herr   Vokativ Plural: domin-ī   (o) Herren

Wörter auf *-ius* enden im Vokativ verkürzt auf bloßem *-ī (Gāius → Gāī)*.

Das Adjektiv

Um eine Beschreibung lebendig zu machen, werden weitere Wörter benötigt, z.B. Begriffe, die Eigenschaften von Substantiven angeben: die Adjektive (Eigenschaftswörter).

1. Die Adjektive der a-/o-Deklination

Auch Adjektive bestehen aus einem unveränderlichen Wortstamm und einer veränderbaren Endung. Für jedes Genus gibt es eine eigene Endung. Die Endungen selbst kennst du schon von der a- und der o-Deklination.

	Singular			Plural		
	m.	f.	n.	m.	f.	n.
Nom.	bon-us	bon-a	bon-um	bon-ī	bon-ae	bon-a
Akk.	bon-um	bon-am	bon-um	bon-ōs	bon-ās	bon-a

Einige Adjektive enden im Nominativ Singular Maskulinum auf *-er*. Manche von ihnen verlieren in den übrigen Formen den Vokal *-e-* wieder (vgl. *pulcher, pulchra, pulchrum*).

2. Adjektive stimmen mit ihrem Bezugswort überein

Adjektive kommen normalerweise nicht allein im Satz vor, sondern passen sich jeweils an »ihr« Substantiv an: Sie übernehmen dessen Kasus, Numerus und Genus (**KNG-Kongruenz = KöNiGs-Regel**).

Durch die Kongruenz kannst du mit einem Blick erkennen, welche Wörter zusammengehören – auch wenn sie nicht immer direkt nebeneinander stehen.

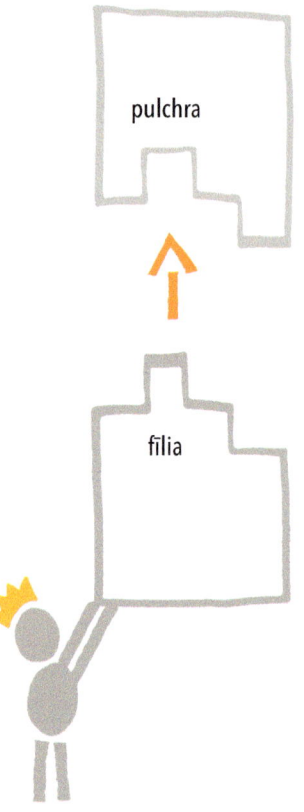

Der Imperativ

Bislang kennst du nur Sätze, die Aussagen enthalten und deswegen im Indikativ stehen. Daneben gibt es wie im Deutschen eine Befehlsform, die sich an die 2. Person Singular oder Plural richtet (Modus: Imperativ).
- Der Singular besteht aus dem Wortstamm ohne Endung. (Bei der konsonantischen Konjugation wird stattdessen ein kurzes -ĕ an den Wortstamm gehängt.)
- Im Plural wird die Endung -te (bzw. -ĭte für die konsonantische Konjugation) angehängt.

Singular		Plural	
apportā!	bring her!	apportā-te!	bringt her!
curr-e!	lauf!	curr-i-te!	lauft!
es!	sei!	es-te!	seid!

Das Adjektiv im Satz

1. Adjektive als Attribute

Begriffe, die eine nähere Angabe zu einem Substantiv bringen, bezeichnet man als Attribute; in vielen Fällen können diese mit der Frage »was für ein?« erschlossen werden. Das Adjektiv, das sich in Kasus, Numerus und Genus nach dem zugehörigen Substantiv richtet, ist ein solches Attribut.

Für Experten: Adjektivattribute stehen im Allgemeinen hinter ihrem Substantiv und werden nur vorangestellt, wenn sie betont sind (besonders bei Zahl-, Maß-, Grad- oder Zeitangaben).

2. Adjektive als Prädikatsnomina

Adjektive können, wenn sie im Nominativ mit einem Hilfsverbum wie esse verbunden werden, auch Teil des Prädikats sein und werden dann als Prädikatsnomen bezeichnet.

Subjekt	Prädikat
Gallus	malus est.
Gallus	ist schlecht.

3. So geht's

Bei der Satzanalyse brauchst du für die Adjektive keine eigene Farbe: Du markierst sie in der Farbe des Substantivs, auf das sie sich beziehen; dabei hilft dir, dass sie in vielen Fällen ohnehin direkt daneben stehen.
Servus malus caprum verberat. – Der böse Sklave schlägt den Ziegenbock.

Lektion 4

Die 3. Deklination

Neben den Substantiven der a- und der o-Deklination gibt es im Lateinischen auch eine große Gruppe von Substantiven mit Kasusendungen, die sich deutlich von den bisher bekannten unterscheiden: die Substantive der 3. Deklination. Bei vielen von ihnen verändert sich die Silbenzahl, wenn man sie in einen anderen Kasus setzt (ungleichsilbig).

1. Nominativ und Akkusativ der 3. Deklination

	Singular (m./f.)		Plural (m./f.)	
Nom.	sacerdōs	der Priester	sacerdōt-ēs	die Priester
Akk.	sacerdōt-em	den Priester	sacerdōt-ēs	die Priester

	Singular (n.)		Plural (n.)	
Nom.	carmen	das Lied	cármin-a	die Lieder
Akk.	carmen	das Lied	cármin-a	die Lieder

Tipp: Wie immer bei den Neutra sind die Akkusativ-Formen identisch mit den Nominativ-Formen; außerdem enden die Neutra aller Deklinationen im Nominativ / Akkusativ Plural stets auf *-a*.

2. Das Genus der Substantive der 3. Deklination

Bei der 3. Deklination ist es schwer, einfache Regeln für das Genus anzugeben. Deshalb musst du das Genus im Wortschatz immer mitlernen!

3. Substantive der 3. Deklination mit Adjektiven der a-/o-Deklination

Adjektive passen sich immer in Kasus, Numerus und Genus an »ihr« Substantiv an (Kongruenz). Stammen beide aus derselben Deklination (bisher a-/o-Deklination), haben sie auch dieselbe Endung. Mit den neuen Substantiven der 3. Deklination sieht man die Kongruenz nicht mehr auf den ersten Blick: Hier hilft nur ein genaues Abfragen mithilfe der KöNiGs-Regel.

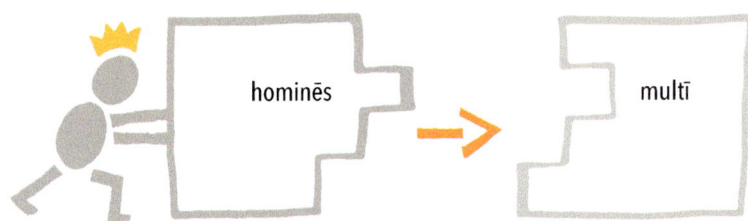

Präpositionen

Nicht alle Wörter lassen sich so verändern wie Verben, Substantive und Adjektive. Unverändert bleiben z.B. Präpositionen (Verhältniswörter). Sie stehen vor einem Substantiv (deswegen auch *Prä-Position* = »Voran-Gestelltes«) und bilden mit ihm zusammen einen Präpositionalausdruck.

Diese Präpositionalausdrücke beschreiben die Art und Weise einer Tätigkeit oder eines Vorgangs näher (z.B. Zeit- oder Ortsangabe). Eine solche Umstandsbestimmung nennt man adverbiale Bestimmung oder Adverbiale.

Präpositionen mit Akkusativ

Präpositionen ziehen immer einen bestimmten Kasus beim darauffolgenden Substantiv nach sich, der allerdings im Lateinischen nicht der gleiche wie im Deutschen sein muss. Bei vielen lateinischen Präpositionen ist es der Akkusativ:
- ad = zu (hin), nach, bei, an
- in = in (hinein), nach, gegen, zu
- per = (hin)durch, über, während

in Campum Mārtium – auf das Marsfeld

Adjektive als prädikative Attribute

Adjektive beschreiben manchmal nicht nur ein Substantiv, sondern enthalten gleichzeitig eine Information zur Handlung des Prädikats:

Puerī laetī per campum currunt.
Die Jungen laufen fröhlich über das Marsfeld.

Meist handelt es sich um Adjektive, die eine Emotion, eine Reihenfolge oder eine Menge angeben. Sie werden in einem solchen Fall als prädikative Attribute bezeichnet und im Deutschen meist mit Adverb übersetzt.

Lektion 5

Der Ablativ Singular und Plural

Das Lateinische hat mehr Fälle als das Deutsche. Einer davon ist der Ablativ, den wir im Deutschen meist mit Präpositionen ausdrücken.

1. oder a-Deklination

	Sg.	Pl.
Nom.	fīli-a	fīli-ae
Akk.	fīli-am	fīli-ās
Abl.	fīli-ā	fīli-īs

2. oder o-Deklination (m.)

	Sg.	Pl.
Nom.	fīli-us	fīli-ī
Akk.	fīli-um	fīli-ōs
Abl.	fīli-ō	fīli-īs

2. oder o-Deklination (n.)

	Sg.	Pl.
Nom.	dōn-um	dōn-a
Akk.	dōn-um	dōn-a
Abl.	dōn-ō	dōn-īs

3. Deklination (m./f.)

	Sg.	Pl.
Nom.	sacerdōs	sacerdōt-ēs
Akk.	sacerdōt-em	sacerdōt-ēs
Abl.	sacerdōt-e	sacerdōt-ibus

3. Deklination (n.)

	Sg.	Pl.
Nom.	carmen	carmin-a
Akk.	carmen	carmin-a
Abl.	cármin-e	carmín-ibus

Tipp: Im Singular sieht der Ablativ bei der a-Deklination genauso aus wie der Nominativ. Du kannst ihn unterscheiden, weil er lang gesprochen und deswegen im Lektionstext mit einem Längenstrich markiert wird.

Der Ablativ im Satz

1. Präposition mit Ablativ

Nach einer Reihe von Präpositionen steht im Lateinischen der Ablativ:
- ab (ā) = von … (her)
- cum = (zusammen) mit
- ex (ē) = aus … (heraus), von … (her)

Die Kurzformen von *ab* und *ex* werden nur vor Konsonanten (außer *h*) gebraucht.

2. Ablativ als adverbiale Bestimmung

Der Ablativ gibt meist nähere Umstände für einen Satz an: So kann er z.B. ausdrücken, *wie, womit* oder *warum* etwas geschieht. Er beschreibt also – wie die Präpositionalausdrücke – die Art und Weise einer Tätigkeit oder eines Vorgangs näher und gilt damit als **adverbiale Bestimmung**.

Grammatik 5

Der Ablativ hat vier Grundfunktionen. Er antwortet auf die Fragen …

- Wo? Wann?   Abl. des Ortes / der Zeit   (Abl. loci / Abl. temporis)
- Mit wem?   Abl. der Begleitung   (Abl. sociativus)
- Womit? Wodurch? Abl. des Mittels   (Abl. instrumentalis)
- Woher? Wovon?   Abl. der Trennung   (Abl. separativus)

Für Experten: Vor allem der *Ablativus instrumentalis* deckt ein großes Spektrum ab und kann in Unterkategorien unterteilt werden. Manchmal gibt er auch die Antwort auf die Frage »Wie?« oder »Warum«?

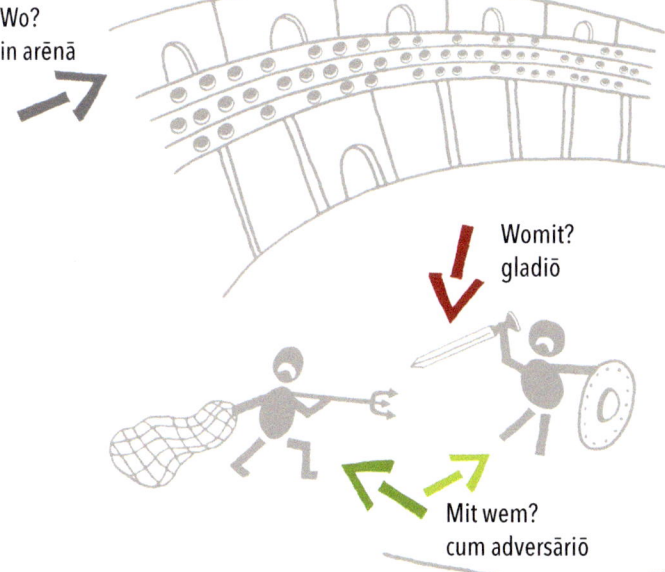

Präpositionen mit Akkusativ oder Ablativ

Die Präposition *in* kann mit Ablativ oder Akkusativ gebraucht werden; dabei unterscheidet sich jedoch die Bedeutung:
- Der Akkusativ gibt eine Richtung an: »wohin?«
- der Ablativ gibt einen Ort an: »wo?«

in Campum Mārtium   wohin?   auf das Marsfeld
in Campō Mārtiō   wo?   auf dem Marsfeld

Grammatik

Lektion 6

Die Verbformen im Präsens

1. Die Formenreihe regelmäßiger Vollverben

Bisher kennst du bei den Verben nur Infinitiv und 3. Person. Die meisten Verben können natürlich auch die 1. und 2. Person bilden. Die Personalendungen sind dabei in allen Konjugationen gleich.

clāmāre

1. Pers. Sg.	clām-ō	ich rufe
2. Pers. Sg.	clāmā-s	du rufst
3. Pers. Sg.	clāma-t	er, sie, es ruft
1. Pers. Pl.	clāmā-mus	wir rufen
2. Pers. Pl.	clāmā-tis	ihr ruft
3. Pers. Pl.	clāma-nt	sie rufen

currere

1. Pers. Sg.	curr-ō	
2. Pers. Sg.	curr-i-s	
3. Pers. Sg.	curr-i-t	
1. Pers. Pl.	cúrr-i-mus	
2. Pers. Pl.	cúrr-i-tis	
3. Pers. Pl.	cúrr-u-nt	

In der konsonantischen Konjugation wird vor der Personalendung noch der bereits bekannte Sprechvokal *-i-* (bzw. *-u-* in der 3. Person Plural) eingefügt. Vorsicht: Bei den kurzvokalischen i-Stämmen findet sich das *-i-* auch vor der 1. Person Singular und der 3. Person Plural *(cupi-ō, cupi-u-nt)*.

2. Die Formenreihe von *esse*

Eine besondere Formenreihe hat das Verbum *esse*, aber auch hier sind die typischen Personalendungen meist erkennbar.

1. Pers. Sg.	sum	ich bin
2. Pers. Sg.	es	du bist
3. Pers. Sg.	est	er, sie, es ist
1. Pers. Pl.	sumus	wir sind
2. Pers. Pl.	estis	ihr seid
3. Pers. Pl.	sunt	sie sind

Summ, summ, summ, Bien-chen summ he - rum.
Sum, es, est, su-mus, es-tis, sunt

Dir ist vielleicht aufgefallen, dass *esse* meist erst durch ein hinzugefügtes Prädikatsnomen sinnvoll wird; in solchen Fällen ist es ein Hilfsverb. Ohne Prädikatsnomen gilt es als Vollverb: Es wird dann (wie das englische »there is / are«) übersetzt mit »es gibt«:

Multa negōtia sunt. – Es gibt viele Aufgaben.

Die Personalpronomina (persönliche Fürwörter)

Auch im Lateinischen gibt es eigene Wörter für die erste und zweite Person. Im Nominativ werden diese Personalpronomina aber nur verwendet, wenn die bezeichnete Person besonders betont werden soll (z.B. bei einem Gegensatz):

	1. Pers. Sg.		2. Pers. Sg.	
Nom.	egō	ich	tū	du
Akk.	mē	mich	tē	dich

	1. Pers. Pl.		2. Pers. Pl.	
Nom.	nōs	wir	vōs	ihr
Akk.	nōs	uns	vōs	euch

Fragesätze

1. Arten von Fragesätzen

Bisher sind dir vor allem Sätze begegnet, die eine Aussage oder einen Befehl enthalten. Daneben gibt es auch Fragesätze. Man unterscheidet zwei Arten:
- Wortfragen: Der Frager erwartet eine Information über einen bestimmten Sachverhalt. Diese Fragen werden mit einem Fragewort (z.B. *ubi? cur?*) eingeleitet.
- Satzfragen: Der Frager erwartet vom Gesprächspartner eine Entscheidung (»ja« / »nein«).

2. Satzfragen

Entscheidungsfragen können im Lateinischen dadurch markiert werden, dass -ne an das erste betonte Wort im Satz angehängt wird.

Vōs-**ne** in campō Mārtiō exspectātis? erwartete Antwort: **»Ja« / »Nein«**
Wartet *ihr* auf dem Marsfeld?

Der Fragende kann aber auch deutlich machen, welche Antwort er gerne hören möchte. Dazu leitet er die Frage ein mit
- *nōnne*, wenn er die Antwort »doch« erwartet (im Deutschen wird dann ein »denn / etwa nicht« eingefügt) bzw.
- *num*, wenn er die Antwort »nein« erwartet (im Deutschen wird dann ein »denn / etwa« eingefügt).

Nōnne in circō exspectātis? erwartete Antwort: **»Doch, natürlich.«**
Wartet ihr **denn / etwa nicht** im Zirkus?

Num in circō exspectātis? erwartete Antwort: **»Natürlich nicht.«**
Wartet ihr **denn / etwa** im Zirkus?

Grammatik

Lektion 7

Der Genitiv Singular und Plural

Wie im Deutschen gibt es auch im Lateinischen den Genitiv (zweiter Fall).

1. oder a-Deklination

	Sg.	Pl.
Nom.	fīli-a	fīli-ae
Gen.	fīli-**ae**	fīli-**ārum**
Akk.	fīli-am	fīli-ās
Abl.	fīli-ā	fīli-īs

2. oder o-Deklination (m.)

	Sg.	Pl.
Nom.	fīli-us	fīli-ī
Gen.	fīli-**ī**	fīli-**ōrum**
Akk.	fīli-um	fīli-ōs
Abl.	fīli-ō	fīli-īs

2. oder o-Deklination (n.)

	Sg.	Pl.
Nom.	dōn-um	dōn-a
Gen.	dōn-**ī**	dōn-**ōrum**
Akk.	dōn-um	dōn-a
Abl.	dōn-ō	dōn-īs

3. Deklination (m./f.)

	Sg.	Pl.
Nom.	sacerdōs	sacerdōt-ēs
Gen.	sacerdōt-**is**	sacerdōt-**um**
Akk.	sacerdōt-em	sacerdōt-ēs
Abl.	sacerdōt-e	sacerdōt-ibus

3. Deklination (n.)

	Sg.	Pl.
Nom.	carmen	carmin-a
Gen.	carmin-**is**	carmin-**um**
Akk.	carmen	carmin-a
Abl.	carmin-e	carmin-ibus

Vorsicht: Der Genitiv Singular der a- und o-Deklination unterscheidet sich nicht vom Nominativ Plural. Den Genitiv Plural der 3. Deklination kann man dafür leicht mit einem Akkusativ Singular verwechseln. Hier musst du also besonders aufpassen!

Für Experten: Einige Substantive der 3. Deklination fügen im Plural vor der Genitivendung *-um* noch ein *-i-* ein (z.B. *merx, mercis;* Gen. Pl.: *mercium*). Darauf wirst du im Wortschatzteil jeweils hingewiesen.

Die Possessivpronomina

1. Formen

Um anzuzeigen, wem ein bestimmter Gegenstand gehört, setzt das Lateinische wie das Deutsche Possessivpronomina (besitzanzeigende Fürwörter) ein. Jede der drei Personen hat ein eigenes Pronomen:

1. Person: Sg.: **meus**, a, um (mein)   Pl.: **noster**, nostra, nostrum (unser)
2. Person: Sg.: **tuus**, a, um (dein)   Pl.: **vester**, vestra, vestrum (euer)
3. Person: Sg.: **suus**, a, um (sein, ihr, sein)   Pl.: **suus**, a, um (ihr)

Die Pronomina werden dekliniert wie die Adjektive der a-/o-Deklination und passen sich nach den Regeln der Kongruenz an.

2. Reflexiver Gebrauch von *suus, sua, suum*

Das Pronomen *suus* wird immer dann verwendet, wenn der damit bezeichnete Begriff zum Subjekt des Satzes gehört (reflexiv).
Im Deutschen muss *suus* je nach Genus und Numerus des Subjekts, auf das es sich bezieht, verschieden übersetzt werden:

Pater fīlium **suum** amat.	Der Vater liebt **seinen** (eigenen) Sohn.
Pater et māter fīlium **suum** amant.	Vater und Mutter lieben **ihren** (eigenen) Sohn.

Der Genitiv im Satz

Der Genitiv bezeichnet meist als Attribut (Beifügung) die Zugehörigkeit einer Person oder Sache zu einem anderen Substantiv. Er kann durch »wessen?«, »wovon?« oder »was für ein?« erfragt werden. In den meisten Fällen lässt sich der lateinische Genitiv wie der entsprechende deutsche Kasus übersetzen:

taberna mercātōris	der Laden des Händlers
auxilium Sextī Seliciī	die Hilfe des / von Sextus Selicius

Grammatik

Lektion 8

Der Dativ Singular und Plural

Der letzte noch fehlende Fall des Lateinischen ist der Dativ (der dritte Fall).

1. oder a-Deklination

	Sg.	Pl.
Nom.	fīli-a	fīli-ae
Gen.	fīli-ae	fīli-ārum
Dat.	fīli-ae	fīli-īs
Akk.	fīli-am	fīli-ās
Abl.	fīli-ā	fīli-īs

2. oder o-Deklination (m.)

	Sg.	Pl.
Nom.	fīli-us	fīli-ī
Gen.	fīli-ī	fīli-ōrum
Dat.	fīli-ō	fīli-īs
Akk.	fīli-um	fīli-ōs
Abl.	fīli-ō	fīli-īs

2. oder o-Deklination (n.)

	Sg.	Pl.
Nom.	dōn-um	dōn-a
Gen.	dōn-ī	dōn-ōrum
Dat.	dōn-ō	dōn-īs
Akk.	dōn-um	dōn-a
Abl.	dōn-ō	dōn-īs

3. Deklination (m./f.)

	Sg.	Pl.
Nom.	sacerdōs	sacerdōt-ēs
Gen.	sacerdōt-is	sacerdōt-um
Dat.	sacerdōt-ī	sacerdōt-ibus
Akk.	sacerdōt-em	sacerdōt-ēs
Abl.	sacerdōt-e	sacerdōt-ibus

3. Deklination (n.)

	Sg.	Pl.
Nom.	carmen	carmin-a
Gen.	carmin-is	carmin-um
Dat.	carmin-ī	carmin-ibus
Akk.	carmen	carmin-a
Abl.	carmin-e	carmin-ibus

Vorsicht: Der Dativ Singular der a-Deklination unterscheidet sich nicht vom Genitiv Singular und vom Nominativ Plural. Im Plural (und im Singular bei der o-Deklination) fallen die Endungen mit denen des Ablativs zusammen.

Die Personalpronomina – alle Kasus

Nachdem nun alle Kasus des Lateinischen bekannt sind, kannst du auch die noch fehlenden Formen der Personalpronomina ergänzen:

	1. Pers. Sg.		2. Pers. Sg.	
Nom.	egō	ich	tū	du
Gen.	meī	meiner	tuī	deiner
Dat.	mihī	mir	tibī	dir
Akk.	mē	mich	tē	dich
Abl.	ā mē	von mir	ā tē	von dir

	1. Pers. Pl.		2. Pers. Pl.	
Nom.	nōs	wir	vōs	ihr
Gen.	nostrī	unser	vestrī	euer
Dat.	nōbīs	uns	vōbīs	euch
Akk.	nōs	uns	vōs	euch
Abl.	ā nōbīs	von uns	ā vōbīs	von euch

Die Präposition cum wird nicht – wie die anderen Präpositionen – vor das Pronomen gestellt, sondern hinten angehängt: *mecum* »mit mir«.

Die Formen von *posse*

Das Verbum *esse* mit seiner unregelmäßigen Formenkette hast du bereits gelernt. Von ihm ist das Kompositum *posse* »können« abgeleitet, das daher auch den Formenbestand von seinem Grundwort übernommen hat.

1. Pers. Sg.	pos-sum	ich kann
2. Pers. Sg.	pot-es	du kannst
3. Pers. Sg.	pot-est	er, sie, es kann
1. Pers. Pl.	pos-sumus	wir können
2. Pers. Pl.	pot-éstis	ihr könnt
3. Pers. Pl.	pos-sunt	sie können

Wichtig: Beginnt die Form von *esse* mit einem *s-*, so muss auch die Vorsilbe auf einem *s* auslauten (= Assimilation); beginnt sie dagegen mit einem *e-*, so endet die Vorsilbe auf *-t*.

Der Dativ im Satz – der Dativ als Objekt

Viele Verben haben neben einem Akkusativobjekt (meist Sachobjekt) noch ein weiteres Objekt im Dativ: Dieses indirekte Objekt (meist für die betroffene Person) kann mit »**wem?**« erfragt werden.

Pater		**līberīs**	dōnum	dat.
Der Vater	gibt	**den Kindern**	ein Geschenk.	

wem? — wen oder was?

Dat.-Objekt — Akk.-Objekt

Bei einigen wenigen Verben (z.B. *placēre* »gefallen«, *pārēre* »gehorchen«) kann im Lateinischen und im Deutschen nur ein Dativobjekt stehen.

Asinus		**līberīs**	nōn pāret.
Der Esel	gehorcht	**den Kindern**	nicht.

Grammatik

Lektion 9

Der AcI

Manche Verben können einen Akkusativ und einen Infinitiv zu sich nehmen, der eine Handlung des Akkusativobjekts beschreibt.

Paulla sieht	**Marcus**	**kommen.**
Paulla videt	Mārcum	venīre.
	Akkusativ	Infinitiv

Nach ihren beiden Hauptbestandteilen, dem Akkusativ und dem Infinitiv, wird die Konstruktion als AcI (= Accusativus cum Infinitivo) bezeichnet.

Sie ist im Lateinischen viel häufiger als im Deutschen und gilt als eine der typischen lateinischen Spracherscheinungen.

1. AcI-Auslöser

Der AcI folgt häufig auf ganz bestimmte Verben. Sie sind für dich ein Signal, dass du mit einem AcI rechnen solltest:
- Verben des Sagens und Meinens (z.B. *dīcere, respondēre, cēnsēre, putāre* ...)
- Verben der Wahrnehmung (z.B. *audīre, vidēre* ...)
- Verben, die Gefühle und Stimmungen ausdrücken (z.B. *gaudēre* ...)
- unpersönliche Ausdrücke, d.h. Verbformen, die nur in der 3. Person Singular gebraucht werden (z.B. *cōnstat, licet, necesse est* ...)

2. Übersetzung eines AcI

In den meisten Fällen kannst du den AcI im Deutschen nicht wörtlich nachmachen. Am einfachsten gibst du die Konstruktion dann mit einem »dass«-Satz wieder.

Catō cēnset līberōs pārēre dēbēre.
Cato meint, dass Kinder gehorchen müssen.

Nicht immer ist die Übersetzung mit einem »dass«-Satz die schönste. Bei *iubēre* z.B. ist eine andere Übersetzung eleganter:

Iubeō	tē	venīre.
Ich befehle	dir	zu kommen.

3. Besonderheiten beim AcI

Im AcI kann mehr als eine Akkusativform auftreten – dann musst du für deine Übersetzung noch einmal genauer hinsehen. Denkbar sind zwei Fälle:

a) Prädikat aus Prädikatsnomen und *esse*

Natürlich steht nicht nur das Subjekt des deutschen »dass«-Satzes im Akkusativ (Subjektsakkusativ), sondern auch jedes Prädikatsnomen, das sich darauf bezieht.

Avus:	»Nōn īgnōrō	**Catōnem**	iam diū	**mortuum** esse.«
Der Großvater:	»Ich weiß ganz genau,	dass Cato	schon lange	tot ist.«

b) Verb mit Akkusativobjekt

Vom Infinitiv des AcI kann noch ein weiteres, »echtes« Akkusativobjekt abhängig sein (Objektsakkusativ). Damit musst du dich, wenn du das Subjekt für deinen »dass«-Satz suchst, zwischen zwei Akkusativen entscheiden. Je nachdem, wie du deine Wahl triffst, veränderst du den Sinn des Satzes. Welche Übersetzung die richtige ist, verrät dir oft nur der Zusammenhang.

Videō **dominum** **servum** verberāre.

Ich sehe, dass **der Herr den Sklaven** schlägt.   Ich sehe, dass **der Sklave den Herrn** schlägt.

4. So geht's

Du kannst in einem Satz mit AcI leichter den Überblick behalten, wenn du den AcI in Klammern setzt. Zusätzlich kann es helfen, den Subjektsakkusativ und den Prädikatsinfinitiv zu unterstreichen.

Avus: »Nōn īgnōrō [<u>Catōnem</u> iam diū <u>mortuum esse</u>].«

Lektion 10

Die Formen von *is, ea, id*

Eines der häufigsten Pronomina der lateinischen Sprache ist das Pronomen *is, ea, id*. Die drei Formen verraten dir, dass es für jedes Genus eine eigene Formenreihe gibt:

	Singular		
	m.	f.	n.
Nom.	is	ea	id
Gen.	eius	eius	eius
Dat.	ei	ei	ei
Akk.	eum	eam	id
Abl.	eō	eā	eō

	Plural		
	m.	f.	n.
Nom.	iī (eī)	eae	ea
Gen.	eōrum	eārum	eōrum
Dat.	iīs (eīs)	iīs (eīs)	iīs (eīs)
Akk.	eōs	eās	ea
Abl.	iīs (eīs)	iīs (eīs)	iīs (eīs)

Die in Klammern angegebenen Formen sind ebenfalls gebräuchlich, allerdings weniger häufig.

Vorsicht: Im Plural entsprechen die Endungen denen der a-/o-Deklination. Im Singular musst du dir den Genitiv und Dativ jedoch besonders einprägen.

Die Verwendung von *is, ea, id*

1. als Demonstrativpronomen

Is, ea, id wird im Lateinischen als Demonstrativpronomen (hinweisendes Fürwort) gebraucht, um auf eine bereits genannte Person oder Sache zurückzuverweisen, die wieder ins Gedächtnis gerufen wird.

Ea toga mihī nōn placet.
Diese Toga (die du mir vorhin gezeigt hast) gefällt mir nicht.

2. als Personalpronomen der 3. Person

Bei den Personalpronomina ist dir sicher aufgefallen, dass es kein Personalpronomen für die 3. Person gibt. Im Lateinischen werden für das Personalpronomen die entsprechenden Formen von *is, ea, id* verwendet – es wird dann einfach mit »er, sie, es« bzw. den jeweiligen Kasusformen übersetzt.

Asia venīre dēbet.   Asia muss kommen.
Ibī eam videō: Gallus cum eā est.   Dort sehe ich sie: Gallus ist bei ihr.

3. als Possessivpronomen

Die Genitivformen von *is, ea, id* können auch als Possessivpronomina für die 3. Person verwendet werden:

Mārcus cum Paullā in campō est: Ibī cum **eius** amīcīs lūdit.
Marcus ist mit Paulla auf dem Feld: Dort spielt er mit **ihren** (= Paullas) Freunden.

Der Genitiv Singular und Plural von *is, ea, id* wird verwendet, um einen Besitzer anzugeben, der nicht das Subjekt desselben Satzes ist (»nicht-reflexiv«). Im Deutschen wird das Pronomen dann mit »sein(e) / dessen« bzw. »ihr(e) / deren« übersetzt.

Dagegen wird *suus, sua, suum* nur reflexiv gebraucht, d.h. es bezieht sich auf das Subjekt des Satzes.

Mārcus cum amīcīs suīs lūdit.
Marcus spielt mit seinen (eigenen) Freunden.

Der Dativ des Besitzers

Im Lateinischen gibt es mehrere Möglichkeiten, Besitzverhältnisse anzugeben: Eine davon ist der Einsatz eines Dativs in Verbindung mit *esse*.

Sextō multae vestēs sunt.
(Dem Sextus sind viele Kleider) = (Dem) Sextus gehören viele Kleider
= Sextus hat viele Kleider.

Der Dativ bezeichnet also den Besitzer (daher Dativ des Besitzers bzw. *dativus possessivus*), die besessene Sache bzw. Eigenschaft steht im Nominativ.

Eine wörtliche Übersetzung ist im Deutschen meist nicht möglich; dafür bieten sich zwei Lösungen an:
- *esse* wird mit »gehören« übersetzt – dafür bleibt der *dativus possessivus* auch im Deutschen als Dativ erhalten;
- *esse* wird mit »haben, besitzen« übersetzt, der lateinische Dativ wird im Deutschen dann zum Subjekt.

Lektion 11

Die Formen von *īre*

Das Verbum *īre* »gehen« gehört wie *esse* in keine der normalen Konjugationsklassen, kommt aber – ebenfalls wie *esse* – sehr häufig und mit vielen Komposita (z.B. *ad-īre* »hin-gehen« und *ab-īre* »weg-gehen«) vor.

1. Pers. Sg.	eō	ich gehe
2. Pers. Sg.	īs	du gehst
3. Pers. Sg.	it	er, sie, es geht
1. Pers. Pl.	īmus	wir gehen
2. Pers. Pl.	ītis	ihr geht
3. Pers. Pl.	eunt	sie gehen

Der Imperativ im Singular von *īre* gehört zu den kürzestmöglichen Vokabeln der lateinischen Sprache:

Imperativ Sg.	ī!	geh!
Imperativ Pl.	īte!	geht!

Vorsicht: Manche Formen von *īre* sind leicht mit dem Pronomen *is, ea, id* zu verwechseln. Folgende Regeln können dir helfen:
- Verben stehen meist am Satzende.
- Ein Pronomen wird meist am Satzanfang oder vor einem Substantiv gebraucht.

Das reflexive Personalpronomen

In Lektion 10 hast du gelernt, dass *is, ea, id* im Lateinischen als nicht-reflexives Personalpronomen der 3. Person gebraucht wird. Falls aber ein **reflexives Verhältnis** ausgedrückt werden soll, gibt es dafür wie im Deutschen ein besonderes Pronomen.

	Singular und Plural	
Nom.	–	–
Gen.	suī	seiner, ihrer
Dat.	sibī	sich
Akk.	sē	sich
Abl.	ā sē, sēcum	von sich, mit sich

Den Unterschied zu *is, ea, id,* das nur nicht-reflexiv eingesetzt wird, kannst du in den folgenden Beispielsätzen sehen:

Grammatik 11

Pater **sē** servāre potest.
Der Vater kann **sich** (selbst) retten.

Pater **eum** servāre potest.
Der Vater kann **ihn** (z.B. seinen Sohn) retten.

Der AcI mit Pronomina

Auch in einem AcI kann ein Pronomen stehen. Das Reflexivpronomen bezieht sich auf das Subjekt des Einleitungssatzes, ein nicht-reflexives Pronomen auf eine andere Person.

Mārs dēmōnstrat **sē** patrem puerōrum esse.
Mars zeigt, dass **er** (selbst) der Vater der Jungen ist.

Rhea Silvia dēmōnstrat **eum** patrem puerōrum esse.
Rhea Silvia zeigt, dass **er** (= Mars) der Vater der Jungen ist.

Im AcI wird das reflexive Personalpronomen also nicht mit »sich«, sondern mit »er, sie« (Singular) bzw. mit »sie« (Plural) übersetzt.

Lektion 12

Das Perfekt – Teil 1

Bisher spielten alle Erzählungen in der Gegenwart – die Verben standen entsprechend alle im Präsens. Natürlich gibt es neben dieser Zeitstufe (Zeitform) noch weitere Zeitstufen. Jetzt lernst du ein erstes Vergangenheitstempus kennen: das Perfekt.

1. Die Verwendung des Perfekts

Das lateinische Perfekt dient in der Regel als Erzählzeit der Vergangenheit, drückt also Handlungen und Vorgänge in der Vergangenheit aus. Im Deutschen verwenden wir (jedenfalls in der Schriftsprache) meist das Präteritum.

2. Die Bildung des Perfekts: v- und u-Perfekt

Im Deutschen bilden wir das Perfekt mit einem zusätzlichen Hilfsverbum (z.B. »ich habe gesagt«). Im Lateinischen dagegen ist die Tempusmarkierung im Verb enthalten: Die Verben haben einen eigenen Perfektstamm.

In Lektion 12 lernst du zunächst zwei Bildungsarten kennen:
(1) Die meisten Verben der a-Konjugation und der i-Konjugation bilden das v-Perfekt, bei dem das Perfektstammzeichen -v- an den Präsensstamm angehängt wird.
(2) Die meisten Verben der e-Konjugation ersetzen das ē des Präsensstammes durch ein -ŭ-; diese Perfektbildung wird daher u-Perfekt genannt.

An den so gebildeten Perfektstamm werden dann die Personalendungen angehängt:

v-Perfekt

1. Pers. Sg.	clāmā́-v-ī
2. Pers. Sg.	clāmā-v-ístī
3. Pers. Sg.	clāmā́-v-it
1. Pers. Pl.	clāmā́-v-imus
2. Pers. Pl.	clāmā-v-ístis
3. Pers. Pl.	clāmā-v-érunt

u-Perfekt

1. Pers. Sg.	tácu-ī
2. Pers. Sg.	tacu-ístī
3. Pers. Sg.	tácu-it
1. Pers. Pl.	tacú-imus
2. Pers. Pl.	tacu-ístis
3. Pers. Pl.	tacu-érunt

Tipp: Die Personalendungen sehen meist anders aus als im Präsens. Du kannst eine Perfektform also erkennen
- am Perfektstamm und
- an der typischen Perfektendung.

Besonders musst du die Formen der 2. Person Singular und Plural unterscheiden, die man leicht verwechseln kann.

3. Das Perfekt von *esse*

Schon im Präsens hatte das Verbum *esse* seine eigenen Formen. Dies bleibt auch im Perfekt so – das Verb übernimmt hier die regulären Personalendungen, die an den neuen Perfektstamm *fu-* angehängt werden:

1. Pers. Sg.	fu-ī
2. Pers. Sg.	fu-ístī
3. Pers. Sg.	fu-it
1. Pers. Pl.	fú-imus
2. Pers. Pl.	fu-ístis
3. Pers. Pl.	fu-érunt

Der Akkusativ der Ausdehnung

Auf die Fragen »wie weit?« oder »wie lange?« steht im Lateinischen der Akkusativ der Ausdehnung; bei Zeitangaben kann er durch die Präposition per verstärkt werden:

Sine uxōribus Rōmānī nōn **(per) multōs annōs** vīvere possunt.
Ohne Ehefrauen können die Römer nicht **viele Jahre (lang/hindurch)** leben.

Lektion 13

Das Perfekt – Teil 2

Zu den beiden bereits bekannten Bildungsarten kommen noch weitere hinzu. Sie lassen sich aber nicht so einfach einer Verbklasse zuordnen, sondern kommen bei mehreren, manchmal sogar bei allen Konjugationen vor.

(1) v-Perfekt (s. Lektion 12)

(2) u-Perfekt (s. Lektion 12)

(3) s-Perfekt: Beim s-Perfekt wird das Perfektstammzeichen -s- an den (oft leicht verändert oder verkürzt erscheinenden) Präsensstamm angehängt:

ārdēre (brennen) → Perfekt: ārsī

Wenn das Perfektstammzeichen s auf ein c bzw. g folgt, wird aus den beiden Buchstaben ein x:

dūcere (führen) → Perfekt: dūxī

(4) Dehnungsperfekt: Das Dehnungsperfekt hat kein eigenes Perfektstammzeichen, dafür wird der Perfektstamm durch eine Dehnung des Stammvokals markiert:

venīre (kommen) → Perfekt: vēnī

(5) Reduplikationsperfekt: Beim Reduplikationsperfekt (Verdopplungsperfekt) wird der Anfangskonsonant des Präsensstammes verdoppelt und zusammen mit einem Vokal dem Präsensstamm vorangestellt:

currere (kommen) → Perfekt: cu-currī

Komposita verlieren die Reduplikation in der Regel, sodass der Perfektstamm gegenüber dem Präsensstamm unverändert aussieht:

accurrere (herbeilaufen) → Perfekt: accurrī

(6) Stammperfekt: Es gibt aber auch einige Verben der konsonantischen Konjugation, die von Haus aus ein Perfekt ohne (erkennbare) Veränderung bilden:

tribuere (zuteilen) → Perfekt: tribuī

(7) unregelmäßige Verben: Wie *esse* werden auch die Formen seines Kompositums posse im Perfekt regelmäßiger:

posse (können) → Perfekt: potuī.

Grammatik 13

Das Partizip Perfekt Passiv (PPP)

1. Die Bildung des PPP

Im Deutschen wird für die Perfektbildung eine Form von »haben« oder »sein« sowie das Partizip II des Verbums benötigt, das ins Perfekt gesetzt werden soll:

ich	habe	gesagt
	Hilfsverb	Partizip II

Ein solches Partizip gibt es auch im Lateinischen: das **P**artizip **P**erfekt **P**assiv (**PPP**). Dabei werden an den (manchmal etwas veränderten) Verbalstamm die Markierung -t- sowie die Endungen der Adjektive der a- / o-Deklination angehängt.

a-Konj.:	clāmā-re	→	**clāmā-t-us, -a, -um**	gerufen
i-Konj.:	audī-re	→	**audī-t-us, -a, -um**	gehört
e-Konj.:	monē-re	→	**móni-t-us, -a, -um**	ermahnt

2. Die Verwendung des PPP

In dieser Lektion lernst du das PPP als Attribut kennen. Es wird wie ein Adjektiv verwendet und hat immer eine passive Bedeutung.

taberna dēlēta:	das zerstörte Geschäft
mūrus aedificātus:	die gebaute Mauer
servus vocātus:	der gerufene Sklave

Die Stammformen

Jedes lateinische Verbum kann, abhängig z.B. vom Tempus, in ganz unterschiedlichen Formen im Satz begegnen. Sie lassen sich mit Hilfe der vier sogenannten Stammformen erschließen, die du dir für jedes Verbum einprägen musst. Zu ihnen gehören:
- der Infinitiv Präsens
- die erste Person Singular im Präsens
- die erste Person Singular im Perfekt
- das PPP (üblicherweise mit der Endung des Neutrums)

Tipp: Ab sofort werden im Lernwortschatz bei allen Verben die vollständigen Stammformen angegeben, wenn sie nicht regelmäßig
- nach der a- oder i-Konjugation mit v-Perfekt bzw.
- nach der e-Konjugation mit u-Perfekt gebraucht werden.

Grammatik

Lektion 14

Der Infinitiv Perfekt

Neben dem Infinitiv Präsens gibt es im Lateinischen noch weitere Infinitive: Besonders häufig ist dabei der Infinitiv Perfekt. Er wird vom Perfektstamm des Verbums gebildet, an den die Endung **-isse** angehängt wird.

clāmāre	→ **clāmāv-isse**	gerufen (zu) haben
esse	→ **fu-isse**	gewesen (zu) sein

Zeitverhältnisse

Ein Text besteht oft aus einer Reihe von Ereignissen. Dabei ist es wichtig zu wissen, was zuerst passiert ist und was erst später möglich ist. Zwischen den Handlungen bestehen also verschiedene Zeitverhältnisse. Ein solches Zeitverhältnis wird immer von einer Haupthandlung aus beurteilt; entsprechend sind die daran angeschlossenen Aussagen …
- … **vorzeitig**, wenn sie vor der Haupthandlung geschehen sind;
- … **gleichzeitig**, wenn sie zur selben Zeit ablaufen;
- … **nachzeitig**, wenn sie erst danach ablaufen werden.

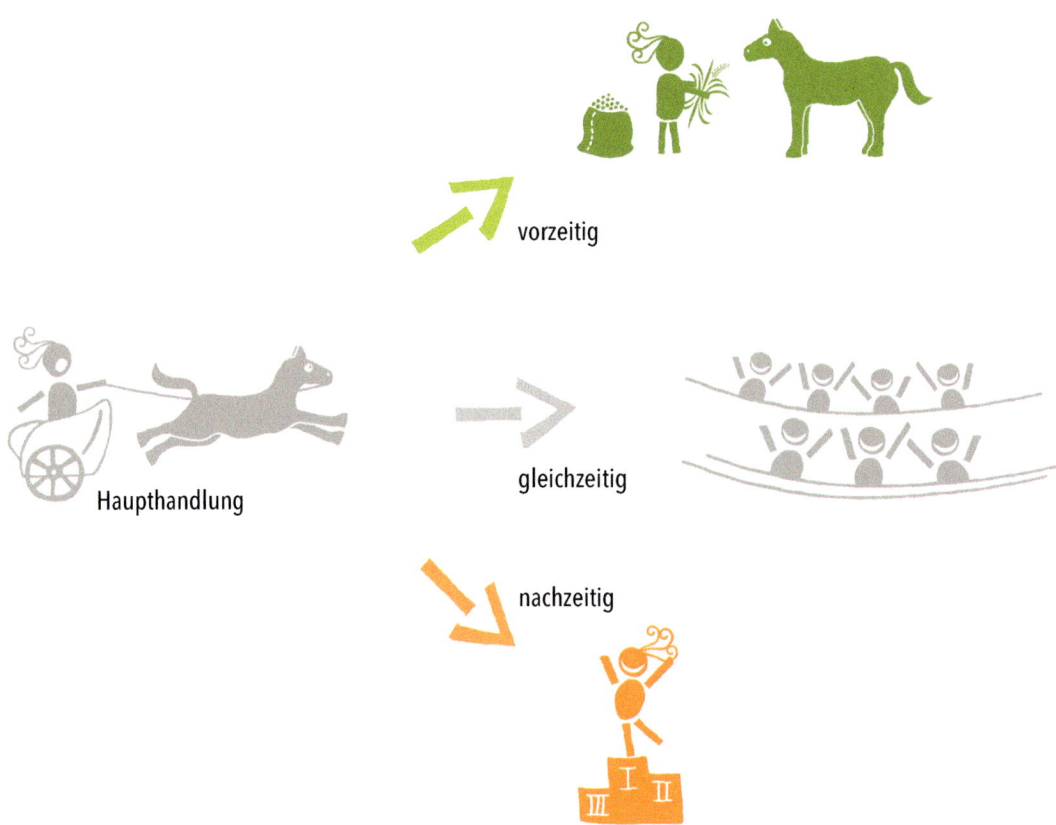

Grammatik 14

Zeitverhältnisse im AcI

Im AcI drückt der Infinitiv das Zeitverhältnis zur Haupthandlung aus, die im einleitenden Verbum des Sagens enthalten ist:
- Der **Infinitiv Präsens** steht für die **Gleichzeitigkeit**,
- der **Infinitiv Perfekt** für die **Vorzeitigkeit**.

Mārcus comperit …	Marcus erfährt / erfuhr, …
Germānōs nunc aquilam **habēre**.	dass die Germanen jetzt den Legionsadler **besitzen**.
Germānōs legiōnem **vīcisse**.	dass die Germanen die Legion **besiegt haben**.

Die Bezeichnung »Präsens« bzw. »Perfekt« bedeutet nicht, dass die entsprechenden Satzteile immer mit diesen Tempora übersetzen werden können. Wenn das einleitende Verb in der Vergangenheit steht, musst du manchmal eine gleichzeitig stattfindende Handlung mit Präteritum wiedergeben, eine vorzeitige mit Plusquamperfekt:

Gāia vīdit …	Gaia sah, …
patrem ex urbe venīre.	dass ihr Vater aus der Stadt kam.
patrem iam ex urbe vēnisse.	dass ihr Vater schon aus der Stadt gekommen war.

Um das Zeitverhältnis in einer AcI-Konstruktion richtig zu übersetzen, musst du zunächst das Tempus des Einleitungsverbs bestimmen. Anschließend musst du dir den Infinitiv im AcI genau ansehen:
- Infinitiv Präsens: Die Handlung im AcI (= im dass-Satz) passiert gleichzeitig.
- Infinitiv Perfekt: Die Handlung im AcI (= im dass-Satz) ist schon vorher geschehen, also schon Vergangenheit.

Lektion 15

Das Imperfekt

Wie im Deutschen gibt es im Lateinischen neben dem Perfekt ein weiteres Vergangenheitstempus: das Imperfekt (Präteritum).

1. Pers. Sg.	clāmā́-ba-m	ich rief
2. Pers. Sg.	clāmā-bā-s	du riefst
3. Pers. Sg.	clāmā́-ba-t	er, sie, es rief
1. Pers. Pl.	clāmā-bā́-mus	wir riefen
2. Pers. Pl.	clāmā-bā́-tis	ihr rieft
3. Pers. Pl.	clāmā́-ba-nt	sie riefen

1. Pers. Sg.	curr-éba-m
2. Pers. Sg.	curr-ébā-s
3. Pers. Sg.	curr-éba-t
1. Pers. Pl.	curr-ēbā́-mus
2. Pers. Pl.	curr-ēbā́-tis
3. Pers. Pl.	curr-éba-nt

Tipp: Das Imperfekt wird vom Präsensstamm gebildet, an den das Tempuszeichen -ba- (bzw. bei der konsonantischen und bei der i-Konjugation -eba-) und anschließend die Personalendungen angehängt werden.

Das Imperfekt von *esse* und *posse*

Das Imperfekt von *esse* und seinen Komposita wird wieder mit eigenen Formen gebildet:

1. Pers. Sg.	eram
2. Pers. Sg.	erās
3. Pers. Sg.	erat
1. Pers. Pl.	erā́mus
2. Pers. Pl.	erā́tis
3. Pers. Pl.	erant

1. Pers. Sg.	pót-eram
2. Pers. Sg.	pót-erās
3. Pers. Sg.	pót-erat
1. Pers. Pl.	pot-erā́mus
2. Pers. Pl.	pot-erā́tis
3. Pers. Pl.	pót-erant

Verwendung von Perfekt und Imperfekt

Für Schilderungen in der Vergangenheit kann im Lateinischen sowohl das Perfekt als auch das Imperfekt gebraucht werden; die beiden Tempora drücken jedoch unterschiedliche Betrachtungsweisen des Autors (= Aspekte) aus:

Im Perfekt schildert der Autor vergangene Handlungen oder Ereignisse ganz neutral als reine Vergangenheit.

Im Imperfekt schildert der Autor zwar auch vergangene Geschehnisse, aber er will zugleich betonen, dass diese Geschehnisse …

- zum damaligen Zeitpunkt gerade erst abliefen und noch nicht abgeschlossen waren (vgl. im Englischen die -ing-Form) oder
- wiederholt stattfanden oder
- dass es sich um andauernde Zustände oder Gewohnheiten handelt.

Grammatik 15

Sabīnius litterīs studēbat,
Sabinius beschäftigte sich gerade mit Literatur,

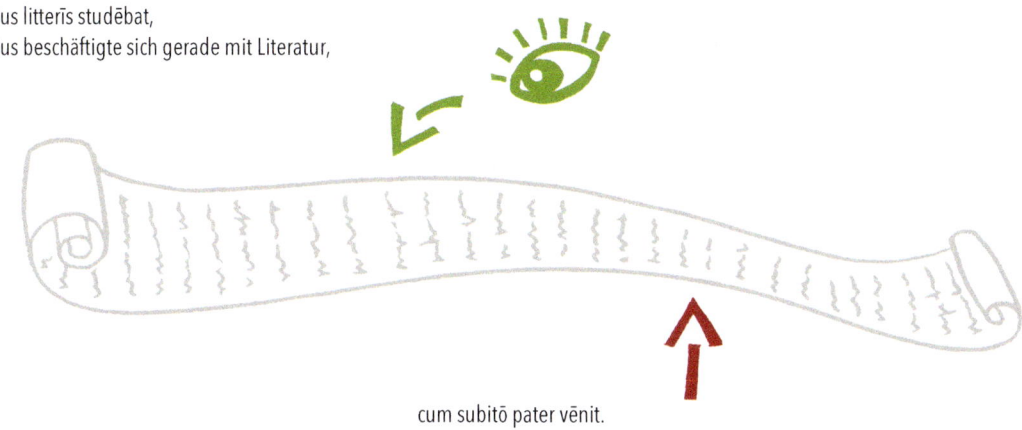

cum subitō pater vēnit.
als plötzlich sein Vater kam.

Meist verwendest du für die Übersetzung beider Tempora im Deutschen das Präteritum. Das Perfekt ist im Deutschen eher umgangssprachlich – manchmal (z.B. in einem Dialog) ist das natürlich auch eine sehr treffende Übersetzung.

Zusätzlich kannst du durch kleine Wörter den Aspekt des Imperfekts stärker betonen (z.B. gerade, immer wieder).

Konjunktionen und Subjunktionen

Wie im Deutschen gibt es auch im Lateinischen Haupt- und Nebensätze.

Hauptsätze können mit Konjunktionen wie z.B. *et, aut, sed* oder *nam* miteinander verbunden werden (Beiordnung). Manchmal treten Konjunktionen auch paarweise auf (z.B. *et … et, neque … neque, aut … aut, nōn sōlum … sed etiam*).

Hauptsätze können auch durch Nebensätze ergänzt werden (Unterordnung). Werden sie durch Subjunktionen an den Hauptsatz angeschlossen, heißen sie Adverbialsätze und haben immer eine bestimmte Sinnrichtung.

kausal (Grund):	quod *(weil)*, quia *(weil)*
temporal (Zeit):	postquam *(nachdem)*; cum *(als; immer wenn)*
kondizional (Bedingung):	sī *(wenn, falls)*
konzessiv (Einräumung):	quamquam *(obwohl)*

Vorsicht: *Cum* kann im Lateinischen Präposition oder Subjunktion sein und muss dann jeweils verschieden übersetzt werden. Du kannst die Wortarten leicht unterscheiden:
- Bei der Präposition *cum* folgt direkt ein Substantiv im Ablativ.
- Die Subjunktion *cum* steht meist direkt am Satzanfang oder an der Spitze eines Nebensatzes. Außerdem folgt ihr in der Regel kein Ablativ.

Grammatik

Lektion 16

Das Futur I – Teil 1: Bo-Bi-Bu-Futur

Um über Handlungen und Ereignisse zu reden, die in der Zukunft eintreten werden, gibt es auch im Lateinischen ein eigenes Tempus: das Futur I.

Im Deutschen verwenden wir statt des Futurs oft das Präsens (z. B.: Morgen mache ich das anders). Das Lateinische ist genauer und verwendet für zukünftige Handlungen stets das Futur.

Das Futur wird bei den Verben der **a- und der e-Konjugation** mit dem Tempuszeichen **-b-** (oft mit Sprechvokal) und den Personalendungen des Präsensstammes gebildet.

1. Pers. Sg.	clāmā-b-ō	ich werde rufen
2. Pers. Sg.	clāmā-bi-s	du wirst rufen
3. Pers. Sg.	clāmā-bi-t	er, sie, es wird rufen
1. Pers. Pl.	clāmā́-bi-mus	wir werden rufen
2. Pers. Pl.	clāmā́-bi-tis	ihr werdet rufen
3. Pers. Pl.	clāmā-bu-nt	sie werden rufen

Vorsicht: Oft unterscheidet nur der Vokal (*i* bzw. *u*) die Formen des Futur I vom Imperfekt (vgl. *clāmābit – clāmābat*).

Das Verbum *īre*

Die Präsensformen von *īre* »gehen« kennst du schon seit Lektion 11. Natürlich gibt es dieses Verbum auch in anderen Tempora:

Futur I

1. Pers. Sg.	ī-b-ō
2. Pers. Sg.	ī-bi-s
3. Pers. Sg.	ī-bi-t
1. Pers. Pl.	ī-bi-mus
2. Pers. Pl.	ī-bi-tis
3. Pers. Pl.	ī-bu-nt

Imperfekt

1. Pers. Sg.	ī-ba-m
2. Pers. Sg.	ī-bā-s
3. Pers. Sg.	ī-ba-t
1. Pers. Pl.	ī-bā-mus
2. Pers. Pl.	ī-bā-tis
3. Pers. Pl.	ī-ba-nt

Perfekt

1. Pers. Sg.	i-ī
2. Pers. Sg.	ī-stī
3. Pers. Sg.	i-it
1. Pers. Pl.	i-imus
2. Pers. Pl.	ī-stis
3. Pers. Pl.	i-ērunt

Der Infinitiv Perfekt lautet: **īsse**

Substantive als prädikative Attribute

Auch Substantive können als prädikative Attribute gebraucht werden, besonders, wenn sie ein Lebensalter, ein Amt oder eine Funktion innerhalb der Familie bezeichnen. Im Deutschen werden sie mit »als« in den Satz eingefügt.

Iam crās **uxor** domō exībō.
Schon morgen werde ich **als Ehefrau** aus dem Haus gehen.

Lektion 17

Das Futur I – Teil 2: KAmEl-Futur

Bei den Verben der i- und der kons. Konjugation wird das Futur I mit den vokalischen Tempuszeichen -a- (nur in der ersten Person Singular) und -e- sowie den Personalendungen des Präsensstammes gebildet (»KAmEl-Futur«).

1. Pers. Sg.	audi-a-m	ich werde hören
1. Pers. Pl.	audi-ē-mus	wir werden hören
2. Pers. Sg.	audi-ē-s	du wirst hören
3. Pers. Sg.	audi-e-t	er, sie, es wird hören
1. Pers. Pl.	audi-ē-mus	wir werden hören
2. Pers. Pl.	audi-ē-tis	ihr werdet hören
3. Pers. Pl.	audi-e-nt	sie werden hören

Bei den kurzvokalischen i-Stämmen steht vor dem Tempuszeichen jeweils noch ein -i- (*rapi-a-m* usw.).

Das Futur I – Teil 3 (*esse* und *posse*)

Eigene Formen für das Futur I haben *esse* und seine Komposita.

1. Pers. Sg.	erō
2. Pers. Sg.	eris
3. Pers. Sg.	erit
1. Pers. Pl.	érimus
2. Pers. Pl.	éritis
3. Pers. Pl.	erunt

1. Pers. Sg.	pót-erō
2. Pers. Sg.	pót-eris
3. Pers. Sg.	pót-erit
1. Pers. Pl.	pot-érimus
2. Pers. Pl.	pot-éritis
3. Pers. Pl.	pót-erunt

Grammatikregister

Ablativ	5		**Demonstrativpronomina**	10
AcI	9		*esse*	6
Subjektsakkusativ	9		als Hilfsverb	6
Objektsakkusativ	9		als Vollverb	6
Prädikatsinfinitiv	9		Formen: Präsens	6
Reflexivpronomina	11		Formen: Perfekt	12
Zeitverhältnis (Gleichzeitigkeit / Vorzeitigkeit)	14		Formen: Imperfekt	15
Adjektiv			Formen: Futur I	17
Formen: Adjektive d. a- und o-Dekl.	3		mit Dativ	10
als Attribut	3		**Futur I**	16, 17
als Prädikatsnomen	3		**Fragesätze**	6
als prädikatives Attribut	4		**Genus**	1
adverbiale Bestimmung	4, 5		natürliches Geschlecht	1
Adverbialsätze	15		**Genitiv**	7
Kausalsätze	15		**Gliedsätze**	15
Konditionalsätze	15		**Haupt- und Nebensätze**	15
Konzessivsätze	15		**Hilfsverb**	3, 6
Temporalsätze	15		**Imperativ**	3
Akkusativ	2		**Imperfekt**	15
Formen: a- und o-Dekl.	2		**Indikativ**	3
Formen: 3. Dekl.	4		**Infinitiv**	1
als direktes Objekt	2		Infinitiv Präsens Aktiv	1
der Ausdehnung	12		Infinitiv Perfekt Aktiv	14
mit Präposition	4, 5		AcI	9
Objektsakkusativ	9		Prädikatsinfinitiv	9
Subjektsakkusativ	9		Zeitverhältnis im AcI	14
Artikel	1		*is, ea, id*	10
Aspekt	15		*ire*	11
Attribut	3		Formen: Präsens	11
Adjektiv als Attribut	3		Formen: Perfekt	16
Adjektiv als prädikatives Attribut	4		Formen: Imperfekt	16
Genitivattribut	7		Formen: Futur I	16
Substantiv als prädikatives Attribut	16		**Kasus**	1
Dativ	8		Nominativ	1, 4
Formen	8		Genitiv	7
als indirektes Objekt	8		Dativ	8
des Besitzers (Dativus possessivus)	10		Akkusativ	2, 4
Deklination	1		Ablativ	5
a- / o-Deklination	1		Vokativ	3
- Substantive	1, 2, 5, 7, 8		**Kausalsätze**	15
- Adjektive	3		**Konditionalsätze**	15
3. Deklination	4			
- Substantive	4, 5, 7, 8			

Kongruenz	1, 3, 4	Demonstrativpronomen	10
Kongruenz von Subjekt und Prädikat	1	Personalpronomen	6, 8, 10, 11
KNG-Kongruenz	3, 4	Possessivpronomen	7, 10, 11
Konjugation	1, 2, 6	***posse***	8
a-Konjugation	1, 6, 16	Formen: Präsens	8
e-Konjugation	1, 6, 16	Formen: Perfekt	13
i-Konjugation	1, 6, 17	Formen: Imperfekt	15
kons. Konjugation	2, 6, 17	Formen: Futur I	17
kurzvokalische i-Stämme	2, 6, 17	**Possessivpronomina**	7
Konjunktion	15	Formen	7
Konzessivsätze	15	*is, ea, id* als Possessivpronomen der 3. Person	10
Modus	3	reflexives Possessivpronomen	7, 10
Nebensatz	15	**Sachfeld**	1–3 (Meth.)
Nominativ	1, 4		
Formen: a- und o-Dekl.	1	**Reflexivpronomina**	
Formen: 3. Dekl.	4	reflexives Personalpronomen	11
als Subjekt	1	reflexives Possessivpronomen	7, 10
Numerus	1	**Satzglieder**	1
Objekt	2	Subjekt	1
Akkusativobjekt (direktes Objekt)	2	Prädikat	1
Dativobjekt (indirektes Objekt)	8	Objekt	2
Objektsakkusativ	9	Attribut	3, 7
Partizip Perfekt Passiv	13	adverbiale Bestimmung	4, 5
Perfekt	12, 13	**Singular**	1
u-Perfekt	12	**Stammformen**	13
v-Perfekt	12	**Subjekt**	1
s-Perfekt	13	**Subjunktion**	15
Dehnungsperfekt	13	**Substantiv**	1
Reduplikationsperfekt	13	Substantiv als prädikatives Attribut	16
Stammperfekt	13	***suus***	7
Personalendung	6	reflexiver Gebrauch	7, 10
Personalpronomina	6, 8	im AcI	11
Formen	6, 8	**Tempus**	1
id, ea, id als Personalpronomen der 3. Person	10	Präsens	1, 2, 6
reflexives Personalpronomen	11	Perfekt	12, 13
Plural	1	Imperfekt	15
Prädikat	1	Futur I	16, 17
Adjektive als Prädikatsnomen	3	Tempusrelief	15–17 (Meth.)
Präposition	4	**Temporalsätze**	15
mit Akkusativ	4	**Verb** (s. Konjugation)	1
mit Ablativ	4, 5	**Vokativ**	3
Präsens	1, 6	**Zeitverhältnis**	14
Pronomina	6, 7, 8, 10, 11	Gleichzeitigkeit	14
		Vorzeitigkeit	14

Übersicht Formentabellen

Substantive

1. oder a-Deklination (f.)		
	Sg.	Pl.
Nom.	fili-a	fili-ae
Gen.	fili-ae	fili-ārum
Dat.	fili-ae	fili-īs
Akk.	fili-am	fili-ās
Abl.	fili-ā	fili-īs

2. oder o-Deklination (m.)		
	Sg.	Pl.
Nom.	fili-us	fili-ī
Gen.	fili-ī	fili-ōrum
Dat.	fili-ō	fili-īs
Akk.	fili-um	fili-ōs
Abl.	fili-ō	fili-īs

2. oder o-Deklination (n.)		
	Sg.	Pl.
Nom.	dōn-um	dōn-a
Gen.	dōn-ī	dōn-ōrum
Dat.	dōn-ō	dōn-īs
Akk.	dōn-um	dōn-a
Abl.	dōn-ō	dōn-īs

3. Deklination (m. / f.)		
	Sg.	Pl.
Nom.	sacerdōs	sacerdōt-ēs
Gen.	sacerdōt-is	sacerdōt-um
Dat.	sacerdōt-ī	sacerdōt-ibus
Akk.	sacerdōt-em	sacerdōt-ēs
Abl.	sacerdōt-e	sacerdōt-ibus

3. Deklination (n.)		
	Sg.	Pl.
Nom.	carmen	carmin-a
Gen.	carmin-is	carmin-um
Dat.	carmin-ī	carmin-ibus
Akk.	carmen	carmin-a
Abl.	carmin-e	carmin-ibus

Adjektive

Adjektive der a- und o-Deklination						
	Sg.			Pl.		
	m.	f.	n.	m.	f.	n.
Nom.	bon-us	bon-a	bon-um	bon-ī	bon-ae	bon-a
Gen.	bon-ī	bon-ae	bon-ī	bon-ōrum	bon-ārum	bon-ōrum
Dat.	bon-ō	bon-ae	bon-ō	bon-īs	bon-īs	bon-īs
Akk.	bon-um	bon-am	bon-um	bon-ōs	bon-ās	bon-a
Abl.	bon-ō	bon-ā	bon-ō	bon-īs	bon-īs	bon-īs

Pronomina

Personalpronomina

	1. P. Sg.	2. P. Sg.
Nom.	egō	tū
Gen.	meī	tuī
Dat.	mihī	tibī
Akk.	mē	tē
Abl.	ā mē	ā tē

	1. P. Pl.	2. P. Pl.
Nom.	nōs	vōs
Gen.	nostrī	vestrī
Dat.	nōbīs	vōbīs
Akk.	nōs	vōs
Abl.	ā nōbīs	ā vōbīs

Reflexivpronomina

	reflexiv (3. P. Sg. / Pl.)
Nom.	-
Gen.	suī
Dat.	sibī
Akk.	sē
Abl.	ā sē

Demonstrativpronomina: *is, ea, id*

	Sg.			Pl.		
	m.	f.	n.	m.	f.	n.
Nom.	is	ea	id	iī (eī)	eae	ea
Gen.	eius	eius	eius	eōrum	eārum	eōrum
Dat.	ei	ei	ei	iīs (eīs)	iīs (eīs)	iīs (eīs)
Akk.	eum	eam	id	eōs	eās	ea
Abl.	eō	eā	eō	iīs (eīs)	iīs (eīs)	iīs (eīs)

Übersicht Formentabellen

Verben
Präsensstamm (Aktiv)

Infinitiv	clāmā-re	monē-re	audī-re	relinqu-e-re	accipe-re
	rufen	(er)mahnen	hören	verlassen	annehmen

Präsens (Indikativ)	1. Pers. Sg.	clām-ō	mone-ō	audi-ō	relinqu-ō	accipi-ō
	2. Pers. Sg.	clāmā-s	monē-s	audī-s	relinqu-i-s	accipi-s
	3. Pers. Sg.	clāma-t	mone-t	audi-t	relinqu-i-t	accipi-t
	1. Pers. Pl.	clāmā-mus	monē-mus	audī-mus	relinqu-i-mus	accipi-mus
	2. Pers. Pl.	clāmā-tis	monē-tis	audī-tis	relinqu-i-tis	accipi-tis
	3. Pers. Pl.	clāma-nt	mone-nt	audi-u-nt	relinqu-u-nt	accipi-u-nt
Imperfekt (Indikativ)	1. Pers. Sg.	clāmā-ba-m	monē-ba-m	audi-ē-ba-m	relinqu-ē-ba-m	accipi-ē-ba-m
	2. Pers. Sg.	clāmā-bā-s	monē-bā-s	audi-ē-bā-s	relinqu-ē-bā-s	accipi-ē-bā-s
	3. Pers. Sg.	clāmā-ba-t	monē-ba-t	audi-ē-ba-t	relinqu-ē-ba-t	accipi-ē-ba-t
	1. Pers. Pl.	clāmā-bā-mus	monē-bā-mus	audi-ē-bā-mus	relinqu-ē-bā-mus	accipi-ē-bā-mus
	2. Pers. Pl.	clāmā-bā-tis	monē-bā-tis	audi-ē-bā-tis	relinqu-ē-bā-tis	accipi-ē-bā-tis
	3. Pers. Pl.	clāmā-ba-nt	monē-ba-nt	audi-ē-ba-nt	relinqu-ē-ba-nt	accipi-ē-ba-nt
Futur I	1. Pers. Sg.	clāmā-b-ō	monē-b-ō	audi-a-m	relinqu-a-m	accipi-a-m
	2. Pers. Sg.	clāmā-bi-s	monē-bi-s	audi-ē-s	relinqu-ē-s	accipi-ē-s
	3. Pers. Sg.	clāmā-bi-t	monē-bi-t	audi-e-t	relinqu-e-t	accipi-e-t
	1. Pers. Pl.	clāmā-bi-mus	monē-bi-mus	audi-ē-mus	relinqu-ē-mus	accipi-ē-mus
	2. Pers. Pl.	clāmā-bi-tis	monē-bi-tis	audi-ē-tis	relinqu-ē-tis	accipi-ē-tis
	3. Pers. Pl.	clāmā-bu-nt	monē-bu-nt	audi-e-nt	relinqu-e-nt	accipi-e-nt
	Imp. Sg.	clāmā!	monē!	audī!	relinque!	accipe!
	Imp. Pl.	clāmā-te!	monē-te!	audī-te!	relinqu-i-te!	accipi-te!

Perfektstamm (Aktiv)

Infinitiv	clāmāv-isse	monu-isse	audīv-isse	relīqu-isse	accēp-isse

Perfekt (Indikativ)	1. Pers. Sg.	clāmāv-ī	monu-ī	audīv-ī	relīqu-ī	accēp-ī
	2. Pers. Sg.	clāmāv-istī	monu-istī	audīv-istī	relīqu-istī	accēp-istī
	3. Pers. Sg.	clāmāv-it	monu-it	audīv-it	relīqu-it	accēp-it
	1. Pers. Pl.	clāmāv-imus	monu-imus	audīv-imus	relīqu-imus	accēp-imus
	2. Pers. Pl.	clāmāv-istis	monu-istis	audīv-istis	relīqu-istis	accēp-istis
	3. Pers. Pl.	clāmāv-ērunt	monu-ērunt	audīv-ērunt	relīqu-ērunt	accēp-ērunt

Übersicht Formentabellen

Unregelmäßige Verben
Präsensstamm (Aktiv)

Infinitiv	esse	posse	īre
	sein	können	gehen

Präsens (Indikativ)	1. Pers. Sg.	sum	pos-sum	eō
	2. Pers. Sg.	es	pot-es	īs
	3. Pers. Sg.	est	pot-est	it
	1. Pers. Pl.	sumus	pos-sumus	īmus
	2. Pers. Pl.	estis	pot-estis	ītis
	3. Pers. Pl.	sunt	pos-sunt	eunt

Imperfekt (Indikativ)	1. Pers. Sg.	eram	pot-eram	ībam
	2. Pers. Sg.	erās	pot-erās	ībās
	3. Pers. Sg.	erat	pot-erat	ībat
	1. Pers. Pl.	erāmus	pot-erāmus	ībāmus
	2. Pers. Pl.	erātis	pot-erātis	ībātis
	3. Pers. Pl.	erant	pot-erant	ībant

Futur I	1. Pers. Sg.	erō	pot-erō	ībō
	2. Pers. Sg.	eris	pot-eris	ībis
	3. Pers. Sg.	erit	pot-erit	ībit
	1. Pers. Pl.	erimus	pot-erimus	ībimus
	2. Pers. Pl.	eritis	pot-eritis	ībitis
	3. Pers. Pl.	erunt	pot-erunt	ībunt

Imp. Sg.	es!	–	ī!
Imp. Pl.	es-te!	–	ī-te!

Perfektstamm (Aktiv)

Infinitiv	fuisse	potuisse	īsse

Perfekt (Indikativ)	1. Pers. Sg.	fuī	potuī	iī
	2. Pers. Sg.	fuistī	potuistī	īstī
	3. Pers. Sg.	fuit	potuit	iit
	1. Pers. Pl.	fuimus	potuimus	iimus
	2. Pers. Pl.	fuistis	potuistis	īstis
	3. Pers. Pl.	fuērunt	potuērunt	iērunt

Alphabetisches Verzeichnis der Orte und Eigennamen

Aeneas: Sohn der Göttin Venus und des sterblichen Vaters Anchises; er flieht mit wenigen Überlebenden aus dem brennenden → Troja und gründet in → Latium in Italien ein neues Volk. Er gilt als Stammvater der Römer.

Agrippa: Marcus Vipsanius Agrippa, geb. 64/63 v. Chr., gest. 12 v. Chr.; röm. Feldherr, Politiker und Architekt; Freund und Schwiegersohn des Augustus; seine Thermen auf dem Marsfeld wurden Vorbild für alle späteren römischen Thermen.

Apollo: Phoebus Apollo, Sohn des → Iuppiter und der Göttin Latona, Bruder der → Diana; Gott des Lichts und der Künste, wird als der Gott im *carmen saeculare* angerufen, der Rom in die neue Zeit führt; Horaz sieht sich selbst als Weissager des Apoll.

Aqua Virgo: Wasserleitung, speiste in der Antike die Agrippathermen, mündet heute in die Fontana di Trevi.

Arminius: geb. um 17 v. Chr., gest. um 21 n. Chr.; als Sohn des Cheruskerfürsten Segimer kam er mit seinem Bruder Flavus zur militärischen Ausbildung nach Rom. 9 n. Chr. führte er die Cherusker gegen Quinctilius → Varus. In der legendären Varusschlacht wurden drei römische Legionen vernichtet.

Augustus: *Augustus* (der Erhabene) ist ein Ehrentitel; er wurde 63 v. Chr. als Gaius Octavius geboren und starb 14 n. Chr.; als Adoptivsohn und Testamentsvollstrecker → Caesars brachte er den Römern nach 100 Jahren Bürgerkrieg den lang ersehnten Frieden (*Pax Augusta*). Man übertrug ihm die Regierungsverantwortung über das ganze Römische Reich.

Baktrien: heutiger Norden Afghanistans und Süden Turkmenistans, Usbekistans und Tadschikistans.

Buddha: Gautama Siddartha, 6./5. Jhdt. v. Chr., religiöser Lehrer und Begründer des Buddhismus.

Caesar: Gaius Iulius Caesar, röm. Feldherr und Politiker, geb. 100 v. Chr., ermordet am 15. März 44 v. Chr.; in den Jahren 58 bis 51 eroberte er → Gallien; die Erinnerungen an diesen gallischen Krieg kann man in seinem berühmten Werk *Commentarii de bello Gallico* nachlesen.

Campus Martius: Marsfeld; es erstreckte sich als Stadtteil des alten Rom über das Gebiet am Tiberbogen; hier befanden sich zahlreiche von → Agrippa erbaute Tempel- und Sportanlagen. Berühmt waren die Agrippathermen und das → Pantheon. Das Marsfeld war gewissermaßen das Freizeitgelände der Römer.

Capitolium: Kapitol; einer der sieben Hügel Roms; auf ihm befanden sich der Tempel der Capitolinischen Trias (Iuppiter Capitolinus, Iuno, Minerva) und der Tempel der Iuno Moneta.

Cato: Marcus Porcius Cato Censorius, auch Cato der Ältere genannt; röm. Politiker, Feldherr und Schriftsteller, geb. 234 v. Chr., gest. 149 v. Chr.; er galt als eher altmodischer Politiker und war wegen seiner Strenge berühmt-berüchtigt. Bekannt wurde er durch seinen Satz, mit dem er jede seiner Reden beendete: »*Ceterum censeo Carthaginem esse delendam.*« (»Im Übrigen bin ich der Meinung, dass Karthago zerstört werden muss.«)

Cicero: Marcus Tullius Cicero, röm. Redner, Philosoph und Schriftsteller, geb. 106 v. Chr., ermordet 43 v. Chr.; Konsul des Jahres 63 v. Chr.

Circus Maximus: größter Circus Roms; Veranstaltungsort für Wagenrennen; der Circus Maximus hatte eine Gesamtlänge von 600 m und eine Breite von 140 m. Zu Cäsars Zeiten bot er 145 000 Zuschauern Platz (später 385 000).

Cloelia: sagenhafte Frauengestalt aus der Zeit des Umbruchs von der Königszeit zur Republik. Sie bewahrt während der Belagerung Roms durch → Porsenna mit ihrem Mut zahlreiche junge Mädchen vor Gefangenschaft und Vergewaltigung.

Cordus: von Juvenal erfundene Figur; Inbegriff des »armen Poeten«.

Creta: größte der griechischen Inseln; die Hauptstadt Kretas in der Antike war Knossos. Hier soll der sagenhafte König → Minos in einem gewaltigen Palast residiert haben.

Daedalus: Athener, der als großer Erfinder und Handwerker gilt; so soll er Säge, Zirkel und Töpferscheibe erfunden haben. Da König → Minos ihm die Rückkehr nach Athen verweigert, konstruiert er für sich und seinen Sohn → Icarus Flügel aus Federn und Wachs, mit denen sie versuchten, über das Meer zu fliegen.

Daphne: Nymphe; sie floh vor dem liebestollen → Apollo und wurde in einen Lorbeerbaum verwandelt; seitdem ist der Lorbeerkranz Zeichen des Apoll.

Delphi: berühmtestes Orakel Griechenlands; nach antiker Auffassung spricht → Apoll durch die → Pythia, eine hellseherisch begabte Priesterin, zu den Menschen. Ihre Orakelsprüche sind oft zweideutig, um die Entscheidungsfreiheit des Menschen nicht zu beeinträchtigen. Der Wahlspruch des Orakels lautet: »Erkenne dich selbst.«

Diana: Tochter des → Iuppiter und der Latona; jungfräuliche Göttin der Jagd und Hüterin der Frauen und Kinder, wird als Göttin der Geburt beim *carmen saeculare* angerufen.

Drusus: Nero Claudius Drusus, geb. 38 v. Chr., gest. 9 v. Chr. durch einen Sturz vom Pferd; röm. Politiker und Heerführer, Sohn der Livia, Bruder des Tiberius und Stiefsohn des Kaisers Augustus. Er eroberte Teile Süd- und Westgermaniens.

Fontana di Trevi: berühmtester Brunnen Roms; man wirft in ihn eine Münze, damit man auf jeden Fall wiederkommt.

Forum Romanum: politisches, religiöses, kulturelles und wirtschaftliches Zentrum Roms am Fuße des → Capitolium.

Gallia: Das heutige Frankreich, Belgien und die westlichen Gebiete des Rheins; fließende Grenze zu den Gebieten der Germanen.

Germania: Magna Germania, das Gebiet östlich des Rheins, nach der Varusschlacht zogen sich die Römer auch aus den eroberten Gebieten zurück.

Graecia: Griechenland; für Bildungsreisende in röm. Zeit ein absolutes Muss wegen seiner bedeutenden Architektur und Kunst sowie seiner herausragenden Philosophen, Redner und Wissenschaftler.

Homer: griechischer Dichter, der um 800 v. Chr. in Kleinasien gelebt haben soll. Er gilt als Verfasser der *Ilias* und der *Odyssee*.

Horatius: Quintus Horatius Flaccus, röm. Dichter, geb. 65 v. Chr., gest. 8 v. Chr.; er gilt als einer der bedeutendsten Dichter der augusteischen Epoche. Sein Vater war ein freigelassener Sklave, der es zu einem recht großen Vermögen brachte, das Horaz eine gute Schulbildung ermöglichte. Horaz zählte später zum unmittelbaren Freundeskreis des → Augustus, obwohl er im Bürgerkrieg infolge der Ermordung → Caesars aufseiten der Caesarmörder gegen Augustus bzw. Octavian gekämpft hatte.

Icarus: Sohn des → Daedalus; er stirbt, als er sich bei seiner Flucht zu sehr der Sonne nähert und seine Flügel schmelzen, sodass er ins Meer stürzt.

Iuno: Göttin der Ehe und Geburt; als Gattin des → Iuppiter muss sie sich immer wieder gegen weibliche Konkurrenz aus den Reihen der Menschen zur Wehr setzen.

Iuppiter: Göttervater und Herrscher des Olymp; seine Attribute sind Adler, Zepter und Blitzbündel.

Juvenal: röm. Dichter, geb. um 60 n. Chr., gest. 127 oder 138 n. Chr.; er beschrieb mit scharfer Zunge die Verhältnisse seiner Zeit.

Kalkriese: in der Nähe von Osnabrück, mutmaßlicher Ort der Varusschlacht.

Kapitol: → Capitolium.

Latium: Landschaft in Mittelitalien mit der Hauptstadt Rom.

Livius: Titus Livius, geb. 59 v. Chr. (?) in Patavium (Padua) und dort 17 n. Chr. gest; röm. Geschichtsschreiber.

Lollius: Marcus Lollius, gest. 2 n. Chr.; röm. Politiker und Feldherr, Niederlage 17 v. Chr. in Gallien (clades Lolliana).

Lysipp: aus Sikyon, griech. Bildhauer im 4. Jhdt. v. Chr.

Maecenas: Gaius Cilnius Maecenas, geb. 70 v. Chr., gest. 7 v. Chr.; er war ein enger Vertrauter des Augustus und ein Förderer junger Dichter, darunter → Horaz, dem er ein Landgut in den Sabiner Bergen schenkte.

Mars: Gott des Krieges; Vater von Romulus und Remus.

Marsfeld: → Campus Martius.

Minos: Sohn des → Iuppiter und der Europa, sagenhafter König von Kreta und Erbauer des Palastes von Knossos.

Octavian: → Augustus.

Orbilius: Lucius Orbilius Pupillus, angesehener Grammatiklehrer und Pädagoge; geb.113 v. Chr. in Benevent, gest. 13 v. Chr. in Rom.

Ovid: Publius Ovidius Naso, geb. 43 v. Chr., gest. 17 n. Chr.; er war einer der bedeutendsten Dichter der augusteischen Zeit. Zu seinen bekanntesten Werken zählen die *Metamorphosen*, in denen er Verwandlungsgeschichten aus der griechischen Mythologie erzählt. Im Jahre 8 n. Chr. fiel er bei Augustus in Ungnade und wurde ans Schwarze Meer verbannt.

Pantheon: Rundtempel auf dem Marsfeld; berühmt wegen seiner Kuppel; einzige Lichtquelle bildet eine Öffnung in der Kuppel mit einem Durchmesser von 9 m.

Philippi: antike Stadt in Makedonien (Griechenland), Ort der Entscheidungsschlacht zwischen Marcus Antonius und → Octavian auf der einen und den Caesarmördern auf der anderen Seite (42 v. Chr.).

Plutarch: griechischer Schriftsteller und Historiker, geb. um 45 n. Chr., gest. um 125 n. Chr.

Pluto: Herrscher der Unterwelt, verheiratet mit → Proserpina, der Tochter von Ceres.

Pompeji: antike Stadt in Kampanien (Italien), die am 24. August 79 n. Chr. durch den Ausbruch des Vesuvs zerstört wurde.

Porsenna: Lars Porsenna, etruskischer König, belagerte 508 v. Chr. Rom.

Proserpina: Göttin der Unterwelt und Gattin des Pluto.

Pythia: Priesterin und Seherin des → Apollo in → Delphi.

Quintilian: Marcus Fabius Quintilianus, geb. 35 n. Chr. in Spanien, gest. um 96 n.Chr; röm. Lehrer der Rhetorik.

Rhea Silvia: Tochter des Königs Numitor; Vestalin; Mutter von Romulus und Remus.

Romulus und Remus: Zwillingsbrüder, Söhne der → Rhea Silvia und des → Mars; Romulus tötet Remus, als dieser die Furche übersprungen hat, mit der Romulus die Grenze für die neue Stadt gezogen hatte.

Sabinerinnen: Sabiner: Volk aus den Sabiner Bergen; lebten der Sage nach ursprünglich auf dem Quirinal, einem der Hügel Roms; die Sabinerinnen wurden von Romulus und seinen Männern geraubt, weil es bei ihnen zu wenig Frauen gab.

Saken: Nomadenvolk aus Zentralasien, berühmt waren ihre spitzen Hüte.

Scaevola: Gaius Mucius Scaevola; er soll die Stadt Rom im 6. Jhdt. v. Chr. vor dem Etruskerkönig → Porsenna gerettet haben, indem er seine rechte Hand im Feuer verbrannte, worauf Porsenna von der Belagerung Roms abließ.

Segestes: Schwiegervater des → Arminius; er warnte Quinctilius → Varus erfolglos vor den Plänen seines Schwiegersohnes, zu dem er ein gespanntes Verhältnis hatte, weil dieser gegen seinen Willen seine Tochter Thusnelda geheiratet hatte.

Subura: Stadtviertel in Rom.

Tarentum: Die Stelle in Rom (heutiges Marsfeld), wo der Sage nach die erste Säkularfeier stattgefunden hat.

Tiber: Fluss in Rom; wegen seiner schlechten Wasserqualität bauten die Römer schon früh Wasserleitungen nach Rom.

Tiberius: Tiberius Caesar Augustus, geb. 42 v. Chr., gest. 37 n. Chr.; nach seiner Adoption durch → Augustus römischer Kaiser (14–37 n. Chr.), eroberte mit seinem Bruder Drusus weite Teile Westgermaniens.

Tiro: Marcus Tullius Tiro, geb. um 103 v. Chr., gest. 4 v.Chr; erst Sklave, seit 53 v. Chr. Freigelassener und Vertrauter → Ciceros, Erfinder einer bis in die Neuzeit gebräuchlichen Kurzschrift, Nachlassverwalter von Ciceros Reden und Briefen.

Troja: Stadt im heutigen Westanatolien, türkisch *Hisarlık,* deren Ursprünge bis in die frühe Bronzezeit (ca. 3000 v. Chr.) reichen. Die Stadt wurde 1868 durch Heinrich Schliemann ausgegraben, war aber bereits durch den Briten Frank Calvert in den Jahren 1863–1865 mithilfe von Probeausgrabungen entdeckt worden. Der Sage nach soll → Aeneas nach der Zerstörung Trojas mit einigen Überlebenden von hier nach Italien geflohen sein. Die Römer sehen in Aeneas ihren Stammvater.

Varus: Publius Quinctilius Varus, geb. 47/46 v.Chr, gest. 9 n. Chr.; er beging nach der Varusschlacht in Germanien Selbstmord, da er die verheerende Niederlage entscheidend zu verantworten hatte – es fanden mehr als 20 000 Legionäre den Tod.

Vergil: Publius Vergilius Maro, geb. 70 v. Chr., gest. 19 v. Chr.; neben zahlreichen anderen Dichtungen verfasste er das römische Nationalepos *Aeneis.*

Vespasian: Titus Flavius Vespasianus, geb. 17. Nov. 9 in Falacrinae, gest. 23. Juni 79 in Aquae Cutiliae, röm. Kaiser von 69 bis 79 n. Chr., führte eine Toilettensteuer ein, um den völlig desolaten Staatshaushalt zu sanieren.

Vesta: Göttin des Herdfeuers und der Familie; ihr Feuer wurde von unverheirateten Priesterinnen in einem Tempel auf dem → Forum Romanum bewacht, weil es nie ausgehen durfte. Viele bedeutende Persönlichkeiten hinterlegten im Vestatempel ihre Testamente.

Yüe-tschi: indogermanische Stammesgruppe aus Zentralchina, drang im 2. Jhdt. v. Chr. nach Baktrien vor und hatte bis ins 3. Jhdt. n. Chr. die Herrschaft über Baktrien inne.

Zoroaster: religiöser Weisheitslehrer im alten Persien, vermutlich 6. Jhdt v. Chr.; Begründer des heute vor allem in Indien noch verbreiteten Zoroastrismus (= Parsen).

Alphabetisches Verzeichnis des Lernwortschatzes

ā, ab (+ Abl.) 5	von; von etw. her
abīre, abeō 11	weggehen
ac/atque 7	und
accipere, accipiō, accēpī, acceptum 4, 14	1. annehmen; bekommen 2. erfahren
āctum 13	→ agere
ad (+ Akk.) 4	zu; nach; bei; an
adesse, adsum, affuī, – 1, 13	1. da sein 2. helfen
adīre, -eō, -iī, -itum 11, 13	»jmdn. an-gehen«: 1. zu … gehen 2. angreifen
adversārius, ī 5	Gegner
aedificāre 12	bauen
affuī 13	→ adesse
agere, agō, ēgī, āctum 11, 13	»treiben«: 1. tun; handeln 2. verhandeln
aliquandō (Adv.) 17	irgendwann
alius, alia, aliud 10	ein anderer
altus, a, um 11	1. tief 2. hoch
amāre 9	lieben; mögen
amīcus, ī 12	Freund
āmittere, āmittō, āmīsī, āmissum 5, 16	verlieren
amor, amōris m. 15	Liebe
amplus, a, um 15	1. weit 2. groß; bedeutend
ancilla, ae 3	Sklavin
animus, ī 17	[»das tätige Innenleben«] Geist; Sinn; Gesinnung; Herz; Mut
annus, ī 7	Jahr
anteā (Adv.) 13	vorher; früher
antīquus, a, um 12	alt
apportāre 2	herbeitragen; (über)bringen
aqua, ae 7	Wasser
āra, ae 4	Altar
ārdēre, ārdeō, ārsī, – 7, 13	brennen; glühen
arma, ōrum n. Pl. 5	Waffen (Pl.)
ārsī 7	→ ārdēre
asinus, ī 8	Esel
atque 7	und
auctum 13	→ augēre
audīre 3	hören
augēre, augeō, auxī, auctum 13	vergrößern
aut 16	oder
autem 5	aber
auxī 13	→ augēre
auxilium, ī 7	Hilfe
avus, ī	Großvater
barbarus, a, um 17	1. ausländisch 2. unzivilisiert
bellum, ī 12	Krieg
bene (Adv.) 17	gut
beneficium, ī 13	Wohltat
bestia, ae 2	Tier; Raubtier
bonum, ī 7	das Gute
bona, ōrum	Hab und Gut; Besitz
bonus, a, um 3	gut
calamitās, ātis f. 13	Unglück; Schaden
campus, ī 4	Feld; freier Platz
cantāre 4	singen
caper, caprī 1	Ziegenbock
capere, capiō, cēpī, captum 8, 17	»packen«: 1. erobern 2. nehmen 3. erhalten
carmen, carminis n. 4	Lied; Gedicht; Gebet
carrus, ī 2	Karren
cārus, a, um 10	1. teuer; wertvoll 2. lieb
cēnsēre 9	1. meinen 2. beschließen
cēpī 17	→ capere
certē (Adv.) 3	sicherlich
cibus, ī 2	Nahrung; Speise; Futter
cīvis, cīvis m. 17	Bürger
clādēs, is f. 14	1. Niederlage 2. Katastrophe
clāmāre 2	rufen; schreien
clāmor, ōris m. 7	Geschrei
clārus, a, um 6	1. hell; strahlend 2. berühmt
colere, colō, coluī, cultum 16	»sich intensiv beschäftigen mit«: 1. bewirtschaften 2. pflegen 3. verehren
comperīre, comperiō, comperī, compertum 14	erfahren
complēre, -pleō, -plēvī, -plētum 13	anfüllen
comprehendere, -prehendō, -prehendī, -prehēnsum 8, 17	1. ergreifen; festnehmen 2. begreifen
coniūnx, coniugis m./f. 16	Ehemann/Ehefrau
cōnstat (+ AcI) 9	es steht fest, dass
cōnsul, cōnsulis m. 17	Konsul
contendere, -tendō, -tendī, -tentum 14	»sich anstrengen«: 1. kämpfen 2. eilen 3. behaupten
contrā (+ Akk.) 12	gegen
convenīre, conveniō, convēnī, conventum 15	»zusammenkommen«: 1. jmdn. treffen 2. sich einigen
cōpia, ae 14	1. Menge; Vorrat 2. Möglichkeit
cōpiae, ārum 14	Pl.: Truppen
cor, cordis n. 16	Herz
corpus, corporis n. 5	Körper
crās (Adv.) 16	morgen
crēdere, crēdō, crēdidī, crēditum 14	1. glauben 2. anvertrauen

cultum 16	→ colere	emere, emō 3	kaufen
cum *(+ Abl.)* 5	mit	eques, equitis *m.* 10	1. Reiter 2. Ritter
cum *(+ Ind.)* 15	als; immer, wenn	equus, ī 8	Pferd
cupere, cupiō, cupīvī, cupītum 2, 13	wünschen; wollen	ēreptum 14	→ ēripere
cupiditās, tātis *f.* 10	Begierde (nach *etw.*); Leidenschaft	ergō 10	also
		ēripere, -ripiō, -ripuī, -reptum 14	entreißen
cupidus, a, um *(+ Gen.)* 10	gierig (auf *etw.*)	errāre 3	sich irren; umherirren
cūr? 1	warum?	esse, sum, fuī 1, 12	1. sein 2. *als Vollverb:* existieren; vorhanden sein (»es gibt«)
cūrāre 2	1. behandeln; pflegen 2. sich *um etw.* kümmern; sorgen (für)		
currere, currō 2	laufen; eilen	et 1	1. und 2. auch
dare, dō, dedī, datum 4, 13	geben	et … et 17	sowohl … als auch
dē *(+ Abl.)* 6	von *etw.* herab; von *etw.* weg; über *etw.*	Et quod nōmen est tibi?	Und wie heißt du?
		etiam 1	auch
dea, ae 16	Göttin	etiamsī 6	auch wenn
dēbēre 1	1. müssen 2. schulden 3. verdanken	ex 5	aus etw. heraus; von etw. her
		exīre, exeō, exiī, exitum 16	hinausgehen
dedī 13	→ dare	exspectāre 1	(er)warten
dēlectāre 6	erfreuen; *jmdm.* Spaß machen	exstinguere, -stinguō, -stīnxī, -stīnctum 13	auslöschen; vernichten
dēlēre, dēleō, dēlēvī, dēlētum 7, 13	zerstören	fābula, ae 11	Geschichte; Erzählung
		facere, faciō, fēcī, factum 9, 13	tun; machen
dēlīberāre 12	überlegen	fāma, ae 13	(guter/schlechter) Ruf; Gerücht
dēmōnstrāre 11	(deutlich) zeigen; beweisen		
dēnique *(Adv.)* 8	zuletzt; schließlich	familia, ae 3	Hausgemeinschaft; Familie; Sklavenschar
dēsinere, dēsinō, dēsiī, dēsitum 3, 14	aufhören		
		fēcī 13	→ facere
dēspērāre 13	verzweifeln	fīdus, a, um 11	treu
deus, ī 4	Gott	fīlia, ae 0	Tochter
dīcere, dīcō, dīxī, dictum 2, 13	sagen	fīlius, ī 0	Sohn
dignus, a, um *(+ Abl.)* 10	einer Sache würdig	fīnis, is *m.* 12	1. Grenze (*im Pl. auch* Gebiet); Ende 2. Ziel; Zweck
dīligere, dīligō, dīlēxī, dīlēctum 16	schätzen; lieben		
		flamma, ae 7	Flamme; Feuer
diū *(Adv.)* 9	lange (*zeitl.*)	flēre, fleō, flēvī, flētum 4, 13	(be)weinen
dīxī 13	→ dīcere	flūmen, flūminis *n.* 11	Fluss
dolor, dolōris *m.* 17	Schmerz	fōrma, ae 16	Form; Gestalt; Schönheit
dolus, ī 5	List	fortasse *(Adv.)* 6	vielleicht
domina, ae 1	Herrin	fortūna, ae 3	Zufall; Glück; Schicksal
dominus, ī 1	Herr; Hausherr	forum, ī 10	Forum; Marktplatz
domō *(Adv.)* 16	von zu Hause	frāter, frātris *m.* 4	Bruder
domum *(Adv.)* 15	nach Hause	frūmentum, ī 2	Getreide
dōnum, ī 2	Geschenk	fūdī 14	→ fundere
dōs, dōtis *f.* 15	Mitgift	fugere, fugiō, fūgī, fugitum 17	fliehen
dūcere, dūcō, dūxī, ductum 12, 15	1. führen 2. meinen; für *etw.* halten	fuī 12	→ esse
		fundere, fundō, fūdī, fūsum 7, 14	1. (ver)gießen 2. zerstreuen; in die Flucht schlagen
duo, duae, duo 16	zwei		
dūxī 15	→ dūcere	gaudēre *(+ Abl.)* 5	sich (über *etw.*) freuen
ē, ex *(+ Abl.)* 5	aus *etw.* heraus; von *etw.* her	gaudium, ī 9	Freude
ecce! *(indekl.)* 3	sieh/seht da! da ist	gēns, gentis *f.* 12	1. (vornehme) Familie; Geschlecht 2. Volk; Stamm
ēgī 13	→ agere		
egō 6	ich	Germānus, ī 14	Germane

gladius, ī 5	Schwert
Graecus, a, um 15	griechisch
Graecus, ī 15	Grieche
grātia, ae 13	*Positives Verhältnis zwischen Menschen:* 1. Ausstrahlung 2. Beliebtheit; Sympathie 3. Gefälligkeit 4. Dank
grātiās agere 13	danken
habēre 8	haben
habitāre 1	(be)wohnen
haerēre 11	hängen; stecken bleiben
haud *(Adv.)* 11	nicht; nicht gerade
herba, ae 2	Gras; Pflanze
herī *(Adv.)* 15	gestern
hīc *(Adv.)* 1	hier
hodiē *(Adv.)* 5	heute
homō, hominis *m.* 4	Mensch; *Pl.:* die Leute
honestus, a, um 15	ehrenhaft; angesehen
honōs, honōris *m.* 17	Ehre; Ehrenamt
hōra, ae 5	Stunde
hortus, ī 8	Garten
hospes, hospitis *m.* 15	Fremder; Gast
hostia, ae 4	Opfertier
iacēre 5	liegen
iam *(Adv.)* 1	schon
ibi *(Adv.)* 2	dort
idōneus, a, um 10	geeignet (für *etw.*)
īgnōrāre 9	nicht kennen; nicht wissen
nōn īgnōrāre	genau kennen; genau wissen
immolāre 4	opfern
imperātor, is *m.* 4	1. Oberbefehlshaber 2. Kaiser; Herrscher
implōrāre 4	*jmdn.* anflehen
imprīmīs *(Adv.)* 6	vor allem
in (+ Abl.) 5	in *etw. (wo?);* an; auf; bei
in (+ Akk.) 4	1. in *etw.* hinein *(wohin?)* 2. nach; gegen; zu
incendium, ī 7	Brand
incipere, incipiō 5	anfangen
incitāre 2	1. erregen 2. antreiben
indignus, a, um (+ Abl.) 14	*einer Sache* unwürdig
inīquus, a, um 3	1. ungleich 2. ungerecht
inquit 8	er, sie, es sagt(e)
intellegere, intellegō, intellēxī, intellēctum 10, 15	bemerken; verstehen
intrāre 1	eintreten; betreten
invenīre, inveniō, invēnī, inventum 2, 14	(er)finden
invītāre 12	einladen
īra, ae 9	Zorn
īre, eō 11	gehen
is, ea, id 10	der; dieser; er
ita *(Adv.)* 2	so
itaque 8	deshalb
iterum 6	wiederum; noch einmal
iterum atque iterum 7	immer wieder
iubēre, iubeō, iussī, iussum 9, 15	befehlen
iūcundus, a, um 16	angenehm
iussī 15	→ iubēre
iussum 15	→ iubēre
iuvāre, iuvō, iūvī, iūtum 7, 16	1. unterstützen; helfen 2. erfreuen
labōrāre 9	1. sich bemühen; arbeiten 2. in Schwierigkeiten sein; leiden
laetus, a, um 4	fröhlich
legere, legō, lēgī, lēctum 15	1. sammeln; auswählen 2. lesen
legiō, ōnis *f.* 14	Legion
libenter *(Adv.)* 9	gern
līberī, ōrum 1	Kinder
licet (+Inf.) 2	es ist erlaubt
littera, ae 15	Buchstabe *Pl.:* »Geschriebenes«: 1. Brief 2. Wissenschaften 3. Literatur
lucrum, ī 7	Gewinn
lūdere, lūdō 9	spielen
lūdus, ī 6	1. Spiel 2. Wettkampf 3. Schule
magis *(Adv.)* 8	mehr
magnus, a, um 4	1. groß 2. bedeutend
malus, a, um 3	schlecht; böse
marītus, ī 6	Ehemann
māter, mātris *f.*	Mutter
maximē *(Adv.)* 8	am meisten; sehr; besonders
mēcum 8	mit mir
mercātor, ōris *m.* 7	Kaufmann
merx, cis *f.* 7	Ware
metuere, metuō, metuī, – 16	(sich) fürchten
meus, a, um 7	mein
Mihi nōmen est …	Ich heiße …
mīles, mīlitis *m.* 14	Soldat
minimē *(Adv.)* 10	ganz und gar nicht; am wenigsten
miser, misera, miserum 3	bedauernswert; unglücklich
miseria, ae 7	Unglück
modo *(Adv.)* 14	1. nur 2. gerade eben (noch)
modus, ī 17	Art (und Weise)
monēre 10	(er)mahnen
mortuus, a, um 9	tot
movēre, moveō, mōvī, mōtum 2, 17	1. bewegen 2. beeindrucken
mox *(Adv.)* 15	bald
mulier, ris *f.* 7	Frau
multī, ae, a 3	viele
multum *(Adv.)* 12	1. viel; sehr 2. oft

mūrus, ī 13	Mauer	ōtium, ī 16	1. Ruhe 2. freie Zeit 3. Frieden
nam 9	denn	pānis, is *m.* 10	Brot
nārrāre 11	erzählen	parāre 12	(vor)bereiten
nātiō, ōnis *f.* 14	Volk; Volksstamm	pārēre 1	gehorchen
-ne …? 6	*Fragepartikel*	parere, pariō, peperī, partum 11, 16	1. gebären 2. hervorbringen; erwerben
nec/neque 8	und nicht; aber nicht	pater, patris *m.*	Vater
nec … nec 8	weder … noch	patria, ae 17	Heimat
necāre 11	töten	pāx, pācis *f.* 4	Friede
necesse est *(+Inf.)* 2	es ist notwendig	pecūnia, ae 10	Geld
neglegere, neglegō, neglēxī, neglēctum 10, 17	1. nicht beachten; missachten 2. vernachlässigen	pecus, oris *n.* 8	Vieh
negōtium, ī 1	1. Arbeit; Aufgabe 2. Geschäft; Handel	peperī 16	→ parere
		per *(+ Akk.)* 4	1. durch; über (… hinaus) 2. während
neque 8	und nicht; aber nicht	pergere, pergō, perrēxī, perrēctum 14	1. weitermachen; fortsetzen 2. aufbrechen (≈ sich auf den Weg machen)
neque … neque 8	weder … noch		
nescīre, nesciō, nescīvī, nescītum 15	nicht wissen	pervenīre, -veniō, vēnī, -ventum 17	hinkommen; erreichen
nihil 13	nichts		
nōmen, nōminis *n.*	Name	petere, petō, petīvī, petītum 5, 14	[»anpeilen«] 1. aufsuchen; sich begeben 2. verlangen; (er)bitten 3. angreifen
nōn 1	nicht		
nōn iam 3	nicht mehr		
nōn sōlum …, sed etiam 6	nicht nur …, sondern auch	plācāre 4	beruhigen
nōnne …? 6	etwa nicht? *(man erwartet die Antwort:* doch*)*	placēre 1	gefallen
		plūs 13	mehr
nōs 6	wir	poēta *m.* 6	Dichter
noster, nostra, nostrum 7	unser	pōnere, pōnō 11	stellen; legen
nostrī, ōrum 14	unsere Leute; die Unsrigen	populus, ī 5	Volk
nōtus, a, um 11	bekannt	posse, possum, potuī, – 8, 13	können; Einfluss haben
novus, a, um 10	neu	post *(+ Akk.)* 17	nach; hinter
nūbere, nūbō, nūpsī, nūptum *(+ Dat.)* 15	heiraten	postquam 12	nachdem
		potuī 13	→ posse
nūllus, a, um 6	kein; keiner	praebēre 8	geben
num …? 6	denn; etwa? *(man erwartet die Antwort:* nein*)*	praeclārus, a, um 14	hochberühmt; ausgezeichnet
		praeter *(+ Akk.)* 13	außer
numquam *(Adv.)* 10	niemals	praetor, ōris *m.* 17	Prätor
nunc *(Adv.)* 4	jetzt; nun	pretium, ī 10	Preis; Lohn
nūntius, ī 17	Bote; Nachricht	prīmum *(Adv.)* 16	zuerst; zum ersten Mal
nūper *(Adv.)* 13	kürzlich	prō *(+ Abl.)* 17	1. vor 2. für; an Stelle von *etw.* 3. im Verhältnis zu *etw.*
nūpsī 15	→ nūbere		
nūptiae, ārum 15	Hochzeit		
nūptum 15	→ nūbere	probus, a, um 3	tüchtig; anständig; gut
oculus, ī 16	Auge	profectō *(Adv.)* 10	in der Tat; sicherlich
officium, ī 9	Dienst; Pflicht(erfüllung)	prōmittere, prōmittō, prōmīsī, prōmissum 15	versprechen
oportet 14	es gehört sich; es ist nötig		
ops, opis *f.* 16 *Pl.* opēs, opum	Kraft; Hilfe *Pl.*: Macht; Streitkräfte; Reichtum	properāre 8	eilen
		propter *(+ Akk.)* 16	wegen
		puella, ae 3	Mädchen
optimus, a, um 16	der beste; sehr gut	puer, puerī 3	Junge
opus est *(+Abl.)* 13	man braucht; es ist nötig	pūgna, ae 5	Kampf; Schlacht
ōrāre 16	bitten	pūgnāre 5	kämpfen
ōrnāmentum, ī 10	Schmuck	pulcher, pulchra, pulchrum 3	schön
ōs, ōris *n.* 16	Mund; Gesicht		

putāre 9	1. glauben; meinen 2. für *etw.* halten
quaerere, quaerō, quaesīvī, quaesītum 8, 15	suchen
quaerere ex *(+ Abl.)*	*jmdn.* fragen
quam 13	als
quamquam 11	obwohl
quandō *(Adv.)* 15	wann
-que 10	und
quia 5	weil
quid? 10	was?
quod 6	weil
quōmodo 15	wie
quoque *(nachgestellt)* 3	auch
rapere, rapiō, rapuī, raptum 12, 17	rauben; (weg)reißen
rē vērā 11	wirklich; tatsächlich
recipere, -cipiō, -cēpī, -ceptum 14	zurücknehmen; empfangen
sē recipere	sich zurückziehen
reddere, reddō, reddidī, redditum 17	1. zurückgeben 2. zu *etw.* machen
redīre, -eō, -iī, -itum 17	zurückgehen
rēgnum, ī 11	1. Königsherrschaft; Alleinherrschaft 2. Königreich
relinquere, relinquō, relīquī, relictum 2, 17	1. verlassen 2. unbeachtet lassen
remanēre, -maneō, -mānsī, – 13	(zurück)bleiben
removēre, -moveō, -mōvī, -mōtum 13	entfernen
reparāre 13	wiederherstellen; reparieren
repellere, repellō, reppulī, repulsum 14	vertreiben; zurückschlagen
reprehendere, reprehendō 8	tadeln
repulsum 14	→ repellere
resistere, resistō 5	1. stehen bleiben 2. Widerstand leisten
respondēre, respondeō, respondī, respōnsum 8, 15	antworten
restituere, -stituō, -stituī, -stitūtum 13	wiederherstellen
rēx, rēgis *m.* 11	König
rīdēre, rīdeō, rīsī, rīsum 15	lachen
rogāre 8	1. fragen 2. bitten
Rōmānus, a, um 9	römisch
Rōmānus, ī 9	Römer
rumpere, rumpō, rūpī, ruptum 13	(zer-)brechen
rūrsus *(Adv.)* 13	wieder
sacerdōs, dōtis *m./f.* 4	Priester/Priesterin
sacrificium, ī 6	Opfer
saepe *(Adv.)* 16	oft
saevus, a, um 17	schrecklich
salūs, salūtis *f.* 7	1. Wohlergehen 2. Rettung
salūtāre 5	grüßen
salvē!	Sei gegrüßt! Hallo!
salvēte! 6	Seid gegrüßt! Guten Tag!
salvus, a, um 17	gesund; am Leben
scīre, sciō, scīvī, scītum 15	wissen
sed 1	aber; sondern
semper *(Adv.)* 2	immer
senātor, ōris *m.* 14	Senator
servāre 11	retten; bewahren
servus, ī	Sklave
sī 9	falls; wenn
sīc *(Adv.)* 11	so
sīgnum, ī 5	1. Zeichen 2. Feldzeichen 3. Statue
silentium, ī 1	Stille; Schweigen
simulāre 11	vortäuschen
sine *(+Abl.)* 12	ohne
sōlus, a, um 12	allein
soror, ōris *f.* 4	Schwester
spectāre 1	betrachten; (hin)schauen
spērāre 14	hoffen
stāre 4	stehen
statim *(Adv.)* 2	sofort
studēre *(+ Dat.)* 15	sich bemühen (um)
stultus, a, um 11	dumm
subitō *(Adv.)* 1	plötzlich
superāre 17	besiegen; übertreffen
suus, a, um 7	sein/ihr
taberna, ae 7	1. Laden; Werkstatt 2. Gasthaus
tacēre 3	schweigen
tam *(Adv.)* 6	so
tamen 9	trotzdem
tamquam *(Adv.)* 12	wie
tandem *(Adv.)* 2	endlich
tantus, a, um 14	so groß
tempus, temporis *n.* 17	Zeit
tergum, ī 14	Rücken
timēre 4	(sich) fürchten (vor)
toga, ae 10	Toga
tolerāre 3	ertragen
tōtus, a, um 5	ganz; gesamt
trādere, trādō, trādidī, trāditum 11, 17	1. übergeben 2. überliefern
trahere, trahō 2	ziehen
trānsīre, -eō, -iī, -itum 14	hinübergehen; überqueren
trēs, trēs, tria 16	drei
tribuere, tribuō, tribuī, tribūtum 13	zuteilen
tū 6	du
tum *(Adv.)* 4	dann; damals; darauf

turba, ae 4	1. Menschenmenge 2. Lärm; Verwirrung	victum 14	→ vincere
tuus, a, um 7	dein	vidēre, videō, vīdī, vīsum 2, 17	sehen
ubī? 1	wo?	vīlla, ae 16	Haus
ūnus, a, um 12	1. ein (einziger) 2. einzigartig	vincere, vincō, vīcī, victum 7, 14	(be)siegen
urbs, urbis f. 12	(sehr) bedeutende Stadt; Rom	vir, virī 3	Mann
uxor, ōris f. 6	Ehefrau	virgō, virginis f. 11	(junge) Frau
varius, a, um 10	1. verschieden 2. bunt; vielfältig	virtūs, tūtis f. 9	*alles, was einen echten* vir *auszeichnet:* Tapferkeit; Tüchtigkeit; Tugend; Vortrefflichkeit
vel 16	oder	vīs f. *(Akk.* vim, *Abl.* vī; *Pl.* vīrēs, vīrium) 5	1. Kraft 2. Gewalt *Pl. auch:* Streitkräfte
vēndere, vēndō 3	verkaufen		
venīre, veniō, vēnī, ventum 1, 13	kommen	vīsum 17	→ vidēre
verberāre 2	prügeln	vīta, ae 5	Leben
verbum, ī 3	Wort	vīvere, vīvō 12	leben
vērē *(Adv.)* 3	wirklich	vix *(Adv.)* 14	kaum
vertere, vertō 2	drehen; wenden	vocāre 7	1. rufen 2. nennen
vērus, a, um 16	1. wahr 2. richtig; echt	volāre 12	fliegen
vester, vestra, vestrum 7	euer	voluptās, ātis f. 14	Lust; Vergnügen
vestis, is f. 10	Bekleidung	vōs 6	ihr
vīcī 14	→ vincere	vōx, vōcis f. 5	1. Stimme 2. Wort; Äußerung
victōria, ae 17	Sieg		

Zeittafel

ca. 1200 v. Chr.	Zerstörung Trojas; Flucht des Aeneas (Mythos)

Königszeit

753 v. Chr.	Gründung Roms durch Romulus (Mythos)
508 v. Chr.	Belagerung Roms durch die Etrusker (Mythos: → Scaevola; Cloelia)

Republik

ca. 500 v. Chr.	Vertreibung der Könige; Entstehung der Republik
264–146 v. Chr.	3 Punische Kriege; Rom wird Vormacht im Mittelmeerraum
133–31 v. Chr.	Jahrhundert der Bürgerkriege

Kaiserzeit / Prinzipat

ab 27 v. Chr.	Ende der Republik; Beginn des Prinzipats mit der Alleinherrschaft von Augustus
19 v. Chr.	Eröffnung der Thermen des Agrippa
19 v. Chr.	Tod Vergils; Veröffentlichung der *Aeneis*
17 v. Chr.	Säkularfeier; Aufführung des *carmen saeculare*
17/16 v. Chr.	Niederlage des Lollius; Augustus zieht mit einer Armee nach Gallien
12 v. Chr.	Tod des Agrippa
8 v. Chr.	Tod des Horaz und des Maecenas
9 n. Chr.	Schlacht im Teutoburger Wald; Niederlage des Varus gegen die Germanen
14 n. Chr.	Tod des Augustus

4. Jh. n. Chr.	Beginn der Völkerwanderung; Teilung des römischen Reiches in einen West- und einen Ostteil
476 n. Chr.	Ende des Weströmischen Reiches

Mittelalter

1453 n. Chr.	Untergang des Oströmischen Reiches